LA BOÎTE À OUTILS DE L'ANALYSE DE DONNÉES EN ENTREPRISE

Clotilde Coron

56 outils clés en main
+ **3** bases de données
+ **17** exercices

DUNOD

Mise en page : Belle Page

11 rue Paul Bert, 92240 Malakoff

www.dunod.com

ISBN 978-2-10-088057-7

VOUS AUSSI, AYEZ LE RÉFLEXE

Boîte à outils

Des outils classés par dossiers thématiques

Une présentation visuelle de chaque outil

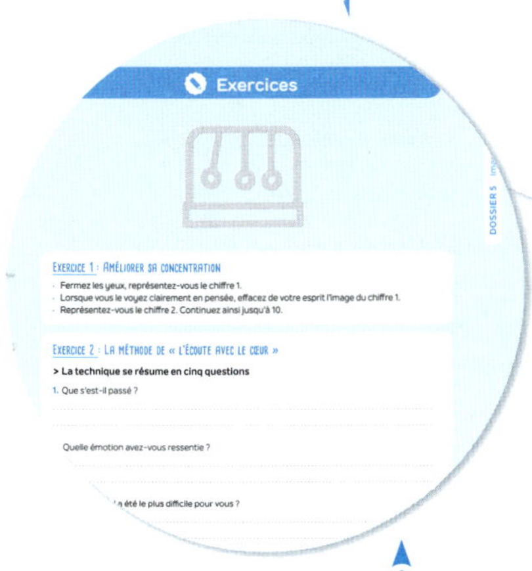

Des **exemples, cas** ou **exercices** pour approfondir

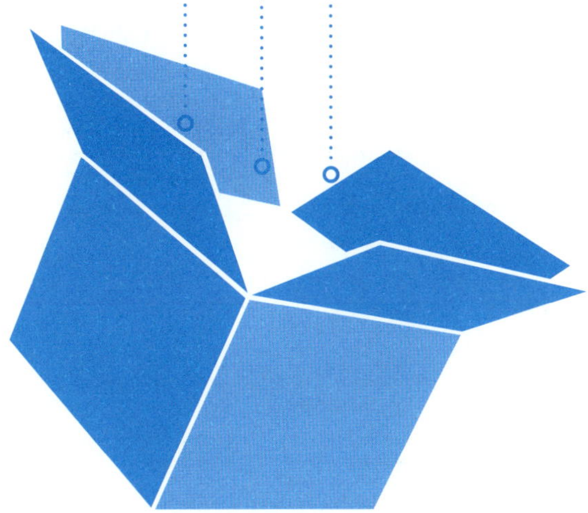

La Boîte à outils

DES OUTILS OPÉRATIONNELS TOUT DE SUITE

MANAGEMENT / LEADERSHIP

Agilité
Dir. N. Van Laethem
Chef de projet, 4e éd.
J. Maes, F. Debois
Conduite du changement et de la transformation, 3e éd.
D. Autissier, J.M. Moutot, K. Johnson, *et al.*
Gouvernance
É. Bertin, G. Plaisance
Innovation managériale
D. Autissier, E. Métais-Wiersch, J.-M. Peretti
Intelligence collective, 2e éd.
B. Arnaud, S. Caruso Cahn
Leadership, 2e éd.
J.-P. Testa, J. Lafargue, V. Tilhet-Coartet
Management
V. Dicecca, P. Guillou
Management à distance
S. Levillain Desmarchelier
Management transversal, 2e éd.
J.-P. Testa, B. Déroulède
Manager de managers
A. Hamayon, J. Isoré, J.-P. Testa
Manager leader, 2e éd.
P. Bélorgey, N. Van Laethem
Organisation, 3e éd.
B. Pommeret

STRATÉGIE D'ENTREPRISE

Acheteur, 3e éd.
S. Canonne, P. Petit
Analyse des données, 2e éd.
C. Coron
Consultant, 2e éd.
P. Stern, J.-M. Schoettl
Design thinking, 2e éd.
E. Brunet
De la RSE, 3e éd.
V. Maymo, G. Murat
Digital en entreprise
Dir. C. Lejealle
Gamification, 2e éd.
A. Duarté, S. Bru
Lean, 3e éd.
R. Demetrescoux
Méthode OKR
L. Morisseau
Négociation, 2e éd.
P. Stern, J. Mouton
Preuve de concept (POC)
C. Corvasce, J-C Rolland
Stratégie, 4e éd.
B. Giboin
Supply chain, 2e éd.
A. Perrot, P. Villemus

GESTION / FINANCE / COMPTABILITÉ

Auditeur financier, 3e éd.
S. Boccon-Gibod, É. Vilmint
Comptabilité, 3e éd.
B. Bachy
Conseil en gestion de patrimoine
V. Maymo, V. Rousset
Contrôle de gestion, 2e éd.
C. Selmer
Qualité, 5e éd.
F. Gillet-Goinard, B. Seno
Finance d'entreprise
C. Selmer
Investissement immobilier
T. Letrilliart
Santé – Sécurité – Environnement, 4e éd.
F. Gillet-Goinard, C. Monar

RESSOURCES HUMAINES / FORMATION

Bilan de compétences
N. Van Laethem
Coaching, 4e éd.
B. Ammiar, O. Kohneh-Chahri
CSE, 2e éd.
A.-L. Smaguine
Dialogue en entreprise
A. Stimec, A. Benitah
Digital learning
C. Coupeaux
Facilitation
E. Brunet, A. Monot
Formateurs, 5e éd.
F. Bouchut, F. Cuisiniez, I. Cauden, *et al.*
Gestion des conflits, 2e éd.
J. Salzer, A. Stimec
Ludopédagogie
X. Delengaigne, A.-C. Prévost, M. Rozo
Onboarding
S. Loureiro
QVCT
S. Boutet, S. Larabi, A. Motte
Ressources Humaines, 3e éd.
A. Haegel
Télétravail
G. Epitalon, F. Gault, C. Rabineau

MARKETING / COMMUNICATION

Communication, 5e éd.
B. Jézéquel, P. Gérard
Communication de crise
N. Maroun
Community manager, 2e éd.
C. Pellerin
Conférencier, 2e éd.
C. Morlet, B. Deloupy
Développer son activité sur le Web
P. Gastaud, S. Truphème
Écrire pour le web, 2e éd.
M. Gani
Facebook Ads et Instagram Ads
C. Pellerin
Génération de Leads
P. Gastaud
Google Ads
C. Pellerin
IA génératives pour créer du contenu
J. Pibourret, S. Beaujault
Inbound marketing et growth hacking
S. Truphème, P. Gastaud
Instagram
C. Pellerin
LinkedIn, 2e éd.
J. Pibourret
Marketing, 5e éd.
N. Van Laethem, B. Durand-Mégret
Marketing digital, 2e éd.
S. Truphème, P. Gastaud
Marketing vidéo
T. Gasio
Podcast
V. Béjot
Réseaux sociaux
C. Pellerin
SEO
B. Thiers
Stratégie digitale, 2e éd.
C. Headley, C. Lejealle

COMMERCIAL / RELATION CLIENT

Commercial, 4e éd.
P. Bélorgey, S. Mercier
E-commerce, 2e éd.
C. Delabre
Expérience client, 3e éd.
L. Chabry, F. Gillet-Goinard, R. Jourdan
Libraire, 2e éd.
C. Meneghetti, J.-C. Millois
Négociation commerciale
F. Vendeuvre, B. Lefèvre
Ouvrir son restaurant
B. Boutboul, C.Dubois

ENTREPRENEURIAT

Business plan
M. Douchy
Création d'entreprise, éd. 2025
C. Léger-Jarniou, G. Kalousis
Crowdfunding
N. Dehorter, F. Clodic-Tanguy, M. Dubois
Freelance
S. Moran
Levée de fonds
D. Bernard, C. Tremblais, A. Magnin, *et al.*
Micro-entrepreneur, 3e éd.
C. Selmer, J. Hellart

EFFICACITÉ / BIEN-ÊTRE AU TRAVAIL

Améliorer sa mémoire et sa concentration, 2e éd.
X. Delengaigne, C. Maitre
Animer vos réunions, 2e éd.
F. Gillet-Goinard, L. Maimi
Bien-être au travail, 2e éd.
C. Huet, G. Rohou, L. Thomas
Confiance en soi, 2e éd.
A. Leibovitz
Créativité, 3e éd.
F. Debois, A. Groff, E. Chenevier
Développement personnel
L. Lagarde
Écrits professionnels
V. Le Broussois
Efficacité professionnelle, 2e éd.
P. Bélorgey
Gestion du stress, 2e éd.
G. du Penhoat
Gestion du temps, 2e éd.
P. Bélorgey
Intelligence émotionnelle, 2e éd.
C. Peres-Court, M.-E. Launet
Mind mapping, 3e éd.
X. Delengaigne, M.-R. Delengaigne
Orthographe
A. Ponsonnet
Pensée visuelle
C. Tsiang, B. Lhuillier
Personal Branding
S. Moran, N. Van Laethem
Prendre la parole en public
A. Leibovitz
Préparer sa retraite, 2e éd.
Kleinbauer et al.
Prévenir la charge mentale
M. Abbiteboul, L. Thomas, Elce Laurent
Process Communication Model®
P. Bélorgey
Psychologie positive au travail, 2e éd.
B. Arnaud, E. Mellet
Relaxation
L. Histel-Barontini
Résolution de problèmes complexes
A. Elviro
Santé au travail
C. Vasey
Soft skills
N. Van Laethem, J-M Josset

Remerciements

Mes remerciements vont à toutes les personnes qui m'ont fait confiance et sans lesquelles je n'aurais pas pu élaborer la première édition de cet ouvrage, chez Dunod et à l'IAE Paris (direction, personnel enseignant et administratif). Cette nouvelle présentation a, quant à elle, bénéficié des conditions de travail très agréables que j'ai trouvées à l'Université Paris-Saclay.

Je remercie également les étudiants à qui j'ai enseigné les méthodes quantitatives et dont les retours et réactions m'ont permis d'améliorer ma pédagogie au fil du temps.

Avant-propos

> “
>
> Un sondage n’est pas un substitut à la réflexion.
>
> Warren Buffet

Cette *Boîte à outils* est dédiée à l’utilisation des données et des techniques statistiques en gestion. Elle a pour ambition de présenter les différents outils, à la fois méthodologiques et informatiques, pour une mobilisation efficace des données disponibles en entreprise et plus généralement dans les organisations.

L’analyse de données pour la gestion

L’analyse de données a plusieurs objectifs : mieux comprendre une situation ou un phénomène, identifier les déterminants ou facteurs explicatifs de certains comportements, définir des politiques et des actions plus efficaces en fonction des buts poursuivis. Cet ouvrage cherche ainsi à fournir les notions et compétences analytiques de base permettant d’atteindre ces différents objectifs. Par ailleurs, au-delà de l’étape d’analyse, les analyses effectuées, les résultats obtenus et les propositions qui en découlent doivent être présentés de façon percutante et pédagogue. Ce dernier pan rejoint la notion de data visualisation, c’est-à-dire la mise en forme visuelle des résultats de l’analyse de données. Enfin, plus récemment, le big data, lié à l’essor considérable du volume et de la variété des données, a permis l'émergence de nouvelles méthodes et de nouveaux objectifs, notamment autour de l'automatisation et de la prédiction, renvoyant entre autres à la notion d'intelligence artificielle.

Objectifs et ambition de cet ouvrage

Cet ouvrage a pour ambition de traiter les différents pans ou niveaux d'utilisation des données en gestion, notamment la production d'indicateurs et de tableaux de bord (*reporting*), l'analyse bivariée et multivariée des données, l'analyse des effets des politiques mises en place. Il ne se focalise pas sur un logiciel en particulier, mais propose des aides sur les 5 principaux existants : Excel, R, SAS, SPSS, Stata. Par ailleurs, il ne traite pas d'un seul domaine de gestion (gestion des ressources humaines ou marketing). Il intègre des éléments :

- de définition et de vocabulaire (visant la maîtrise des concepts les plus importants en analyse de données);
- de pratique des logiciels (Excel, R, SAS, SPSS);
- de méthodologie (visant une utilisation rigoureuse et raisonnée des données);
- de réflexion (incitant à une prise de recul sur les apports et les limites des outils).

Ce livre mobilise une approche par les objectifs opérationnels (construire un tableau de bord, analyser une situation…), et non pas par les méthodes ou les concepts statistiques. Il n'entre ainsi pas dans les détails techniques et mathématiques sous-jacents à chaque méthode ou chaque outil. Il a pour objectif une opérationnalité immédiate, plutôt que l'acquisition de compétences théoriques pointues dans le domaine des mathématiques et des statistiques.
Pour cela, **neuf dossiers** développent des outils et donnent des méthodes qui permettent de mobiliser les données pour mieux comprendre des phénomènes, identifier des facteurs explicatifs et définir des politiques et actions adaptées. Le dernier dossier est dédié aux évolutions les plus récentes dans le domaine de l'analyse de données pour la gestion (big data, intelligence artificielle…). En effet, ces évolutions ont atteint les différentes fonctions de l'entreprise : l'utilisation d'algorithmes dits prédictifs, de données non structurées, l'automatisation d'une partie des activités, sont de plus en plus courantes dans les organisations. De ce fait, la maîtrise des compétences et notions sous-jacentes à ces phénomènes s'avère de plus en plus indispensable pour mieux en comprendre les enjeux.

Sommaire des bases de données en ligne

Cet ouvrage est accompagné de bases de données (fictives), qui permettent de mettre en pratique les différents exercices proposés.

- Base 1 : données sur les salariés d'une entreprise d'informatique.
- Base 2 : données sur les achats réalisés dans un magasin.
- Base 3 : données sur les comportements des abonnés d'une plateforme de vidéo à la demande.

Sommaire

1 DOSSIER

AVANT DE COMMENCER

“

Rien ne sert de courir, il faut partir à point.

Jean de La Fontaine

Avant de se lancer dans une étude quantitative ou qualitative et dans la mobilisation de données, il convient de se poser un certain nombre de questions qui orienteront à la fois le choix des méthodes, des données à recueillir, des types de résultats et de livrables. Par ailleurs, les outils statistiques n'ont pas réponse à tout et présentent des limites qu'il faut garder en tête.

Se poser les bonnes questions

Les questions préalables à toute mobilisation de statistiques et de données en gestion sont les suivantes :

- Une approche quantitative est-elle plus pertinente qu'une approche qualitative pour traiter les questions souhaitées ?
- Que cherche-t-on exactement à mesurer ? Cette mesure est-elle vraiment possible ?
- Quels sont les aménagements et réflexions préalables nécessaires ?
- Quels objectifs cherche-t-on à atteindre avec l'analyse de données ?
- De quels moyens financiers, humains (compétences, temps disponible) et informatiques (logiciels, données) dispose-t-on ?

Avoir conscience des limites des outils statistiques

Par ailleurs, une fois que les réponses aux questions précédentes sont définies, il convient aussi de prendre en compte les limites inhérentes à toute démarche statistique.

Les statistiques apportent une vision forcément réductrice de la réalité, puisqu'elles ne permettent de traiter que les pans présents dans les données ou qui peuvent être transformés en données statistiques. Des facteurs humains, comme la motivation, les goûts, la prise de risque, sont par exemple extrêmement difficiles à quantifier.

Par ailleurs, les outils statistiques et les techniques quantitatives sont souvent considérés comme plus « objectifs » que celles qualitatives, mais cette vision a été remise en cause par de nombreux travaux qui soulignent les biais associés à la quantification, qui interviennent notamment lors du choix des métriques et des échelles, et du choix des méthodes et outils mobilisés.

Les outils

Outil 1 Approche quantitative ou qualitative ?

> « Les statistiques sont vraies quant à la maladie et fausses quant au malade ; elles sont vraies quant aux populations et fausses quant à l'individu.
>
> Léon Schwartzenberg

En quelques mots

L'**approche quantitative** correspond à la mobilisation de données généralement structurées sur un nombre important d'individus (en général supérieur à 100). Elle est utile pour mesurer des phénomènes et quantifier des liens entre différents facteurs. L'**approche qualitative** correspond à l'analyse de matériau généralement non structuré (texte, discours) sur un faible nombre d'individus (en général inférieur à 100). Elle est utile pour recueillir des perceptions complexes et comprendre en profondeur une situation donnée.
Le choix entre les deux méthodes est très structurant pour l'étude menée et doit se faire en amont. Par ailleurs, les deux méthodes peuvent, dans certains cas, être combinées.

LE CHOIX ENTRE LES DEUX APPROCHES

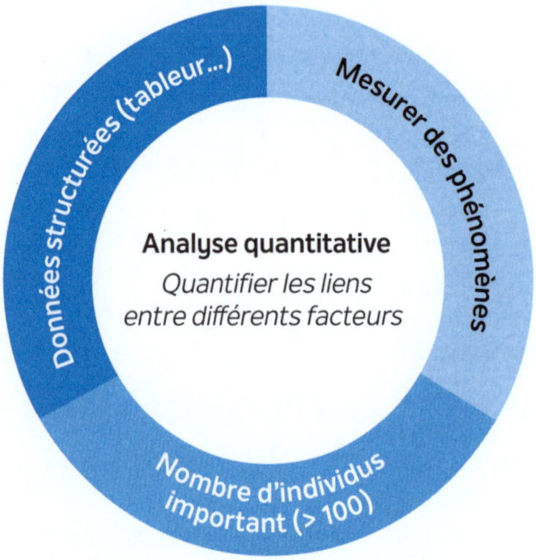

POURQUOI L'UTILISER ?

Objectifs

- Prendre en compte les principales différences entre approches qualitative et quantitative.
- Définir les critères pour définir l'approche la plus adaptée.

Contexte

L'approche quantitative se fonde sur des bases de données généralement structurées (de type tableur Excel) et sur un grand nombre d'individus (en général plus de 100 individus).

Elle permet de quantifier des phénomènes et de donner des résultats agrégés, sous forme de moyenne par exemple (moyenne des salaires dans une population), ou de pourcentages (X% des 18-25 ans connaît telle marque).

Elle permet aussi d'identifier et de quantifier des liens entre variables (le capital immobilier croît avec l'âge). Elle peut ainsi s'avérer indispensable pour mesurer des variations au sein d'une population (les clients ayant moins de 30 ans achètent plus sur tel site Internet que les clients ayant plus de 50 ans).

En revanche, l'approche quantitative ne permet généralement pas de recueillir des perceptions complexes, de comprendre en profondeur une situation ou un phénomène, ou d'étudier un terme émergent sur lequel on ne dispose d'aucune information ou hypothèse préalables. Elle n'est pas non plus adéquate quand la population considérée est de faible taille (moins de 100 personnes).

L'approche qualitative est plus adaptée pour ces situations. En effet, le mode de recueil de l'information (entretiens en face-à-face, observations notamment) est plus adapté pour recueillir les perceptions complexes des individus, ou encore de comprendre les mécanismes relationnels à l'œuvre dans une situation donnée.

COMMENT L'UTILISER ?

Étapes

1. **Définir les objectifs de l'étude**.
2. **Définir le périmètre de l'étude** : l'approche quantitative est plus adaptée pour les populations de taille importante.
3. **Déterminer les matériaux et données** dont on dispose déjà : si un certain nombre de données structurées sont disponibles (présentes dans le système d'information par exemple), l'approche quantitative peut être plus simple à mener que l'approche qualitative.
4. **Définir les moyens financiers**, humains et informatiques dont on dispose.
5. **Définir les moyens d'accès** aux données nécessaires : selon le contexte de l'organisation, il est parfois plus facile de réaliser des entretiens ou au contraire de diffuser une enquête en ligne, par exemple.

Méthodologie et conseils

Il est possible de combiner approche quantitative et approche qualitative. Par exemple, des entretiens exploratoires peuvent être menés (approche qualitative) afin de déterminer des hypothèses qui vont guider la construction d'un questionnaire qui sera ensuite administré en ligne auprès d'un nombre important de salariés (approche quantitative).

Avant de vous lancer...

✓ **L'approche quantitative est utile pour quantifier des phénomènes et comparer des populations.**

✓ **L'approche qualitative est utile pour recueillir des perceptions complexes et comprendre des situations locales en profondeur.**

Outil 2 Que veut-on mesurer ?

> Ce qui ne peut pas être mesuré ne peut pas être géré.
>
> Peter Drucker

En quelques mots

La mobilisation d'une approche quantitative et des statistiques vise généralement à mesurer un objet. Cependant, cet objet peut être de plusieurs natures : **un phénomène**, **un lien entre deux phénomènes**, **l'atteinte d'un ou de plusieurs objectifs** ou **l'évolution d'un phénomène**. La mesure peut aussi concerner des êtres humains ou des objets.
Dans tous les cas, bien définir ce que l'on cherche à mesurer et quelles sont les implications pratiques et éthiques de cette mesure est essentiel.

SE POSER LES BONNES QUESTIONS

Je cherche à mesurer...

- □ Une situation, une chose, un individu, un lien entre deux facteurs, un effet.
- □ Une situation à l'instant T, une évolution.
- □ Une restitution agrégée, une restitution individuelle.

Je connais les implications...

- □ Statistiques : mesure en %, en valeur absolue ou *via* des outils statistiques (coefficient de corrélation...).
- □ Juridiques : protection des données à caractère personnel.
- □ Éthiques : questionnements éthiques sur l'effet de la mesure sur les individus.

POURQUOI L'UTILISER ?

Objectifs

- Vérifier les différents types d'objets mesurables.
- Prendre en compte les implications liées au type d'objet mesuré.

Contexte

Les implications du type d'objet mesuré sont à la fois statistiques, juridiques et éthiques. Plusieurs textes encadrent la collecte de données sur des individus, et ce d'autant plus si la mesure vise un objectif de restitution individuelle. Ainsi, le règlement général de protection des données (RGPD) encadre la collecte et le traitement de données à caractère personnel.

Les mesures qui concernent les êtres humains doivent donner lieu à des questionnements éthiques approfondis. En effet, une mesure n'est généralement pas neutre, au sens où elle peut avoir des effets sur la personne concernée. Par exemple, mesurer la performance d'un individu à un test donné peut conditionner son avenir professionnel si cette mesure est utilisée comme critère de recrutement.

COMMENT L'UTILISER ?

Étapes

1. Définir le ou les types d'objets mesurés. Ci-dessous, une liste non exhaustive :

- mesurer une situation à un instant T (ex. : l'absentéisme, la fidélisation à une marque) ;
- mesurer des caractéristiques humaines (ex. : la performance, la motivation) ;
- mesurer un objet (ex. : la taille, le prix) ;
- mesurer l'évolution d'une situation, d'un phénomène (ex. : l'évolution de la fidélisation à une marque) ;
- mesurer le lien entre deux phénomènes ou deux variables (ex. : lien entre les caractéristiques socioprofessionnelles et l'absentéisme, ou entre les caractéristiques individuelles et l'achat de tel produit) ;
- mesurer l'atteinte d'objectifs chiffrés (ex. : atteinte des objectifs de vente, des objectifs de parts de marché) ;
- mesurer les effets d'une politique ou d'une action (ex. : effets d'une publicité sur les intentions d'achat).

2. La mesure peut aussi viser **un objectif de restitution individuelle** (ex. : mesurer la performance d'un individu) ou **agrégée** (ex. : indiquer la performance moyenne d'un groupe d'individus).

Ces différents types de mesure peuvent se combiner : il est ainsi possible de mesurer l'évolution de la performance moyenne d'un groupe d'individus.

3. Définir les implications statistiques, juridiques et éthiques associées.

Méthodologie et conseils

Selon l'objet mesuré, les résultats de la mesure ne seront pas présentés de la même façon.

Ainsi, il est courant de présenter la mesure d'une évolution en pourcentage (hausse ou baisse de X%), de présenter le lien entre deux variables sous forme d'un coefficient de corrélation par exemple, ou encore de présenter l'effet d'une politique ou d'une action sur une situation ou un objet en valeur absolue ou parfois en pourcentage.

Avant de vous lancer…

- ✓ Cherchez-vous à mesurer une situation à un instant T ou une évolution ?
- ✓ La mesure concerne-t-elle des individus ou des objets ?
- ✓ Visez-vous une restitution agrégée ou individuelle ?

Outil 3

Quels sont les objectifs ?

« Nous ne demandons pas aux statistiques assez de renseignements, et nous exigeons d'elles trop de conclusions.

Auguste Detœuf

En quelques mots

La mobilisation d'une approche quantitative peut viser plusieurs objectifs : **décrire**, **comprendre**, **expliquer**, **prédire**. Ces objectifs correspondent en fait à quatre questions :

- Décrire : *Quelle est la situation ?*
- Comprendre : *Que se joue-t-il dans cette situation ?*
- Expliquer : *Pourquoi la situation est-elle telle qu'elle est ?*
- Prédire : *Quelle sera la prochaine situation ?*

Il est essentiel de bien définir le ou les objectifs poursuivis avant de commencer à mobiliser les outils statistiques. En effet, selon les objectifs choisis, les méthodologies utilisées ne seront pas les mêmes, ni la présentation des résultats.

COMMENT LES OBJECTIFS CONDITIONNENT LA DÉMARCHE

Objectifs	Outils utilisés	Présentation des résultats
Décrire	Statistiques univariées	Résultats donnant les indicateurs clés pour décrire une situation ou un phénomène
Comprendre	Statistiques bivariées, croisement de variables	Résultats présentant des liens entre différents facteurs
Expliquer	Méthodes économétriques	Résultats restituant des liens de causalité entre variables
Prédire	Statistiques bivariées, méthodes économétriques	Résultats indiquant la probabilité que tel événement se produise dans le futur

POURQUOI L'UTILISER ?

Objectifs

- Définir les différents objectifs des statistiques.
- Utiliser les outils statistiques et les modes de présentation des résultats associés.

Contexte

L'usage des statistiques peut viser la description d'un objet, d'une situation ou d'un phénomène. Il s'agit alors de répondre à la question « *quelle est la situation ?* ». La compréhension de la situation vise à répondre à la question « *que se joue-t-il dans la situation ?* ». Expliquer la situation revient à répondre à la question « *pourquoi la situation est-elle telle qu'elle est ?* ». Enfin, prédire une situation revient à répondre à la question « *quelle sera la prochaine situation ?* ».

COMMENT L'UTILISER ?

Étapes

1. Définir le ou les objectifs recherchés.

2. Définir les outils statistiques adéquats pour atteindre ces objectifs :

- pour décrire la situation : utiliser les statistiques univariées (voir outils 14 à 18) ;
- pour comprendre la situation : utiliser les statistiques bivariées et l'étude de liens entre les variables (voir outils 19 à 25) ou encore l'analyse géométrique des données (voir outils 26 et 27) ;
- pour expliquer la situation : utiliser les méthodes économétriques (voir outils 28 à 36) ;
- pour prédire la situation : utiliser les statistiques bivariées et les méthodes économétriques. Ces outils et méthodes sont à mobiliser de manière différente que pour comprendre ou expliquer (voir outil 54).

3. Prévoir un mode de restitution adapté :

- pour décrire la situation : ex. : les effectifs de l'entreprise sont composés à X % de cadres et X % de non-cadres ; le chiffre d'affaires de l'entité s'élève à X € ; la moyenne d'âge des clients s'élève à X ans ;
- pour comprendre la situation : ex. : l'engagement au travail des salariés semble lié à la fois à la politique de l'entreprise en matière de qualité de vie au travail et d'équilibre vie privée-vie professionnelle et à des caractéristiques individuelles ;
- pour expliquer la situation : ex. : à profil identique ou à caractéristiques comparables, les personnes ayant vu telle publicité ont une probabilité d'achat du produit X % supérieure aux personnes n'ayant pas vu la publicité ;
- pour prédire la situation : ex. : tel client a une probabilité future d'achat de X %, ou encore, les ventes globales s'élèveront à X €.

Méthodologie et conseils

Un des intérêts majeurs de l'analyse de données réside dans la possibilité de croiser des variables, autrement dit d'identifier des liens entre différentes variables (genre et revenu, âge et comportement d'achat, revenu et comportement d'achat, etc.). Ces liens peuvent être de simples liens de concomitance (les deux variables sont liées entre elles sans qu'il y ait de véritable cause à effet entre les deux : par exemple, les comportements d'achats et la fidélité des clients à l'égard d'un magasin), mais également des liens causaux (une variable a un effet sur l'autre : par exemple, le revenu a un effet sur les comportements d'achats). Le dossier 5 revient sur ces différents types de liens et sur les manières de les mesurer.

Avant de vous lancer…

✓ **Définissez bien l'objectif poursuivi et mobilisez les méthodes adaptées.**

✓ **Présentez vos résultats de façon à atteindre votre objectif, c'est-à-dire en répondant correctement à la question ou aux questions que vous vous posez.**

Outil 4 Quels sont les moyens ?

> « La faute est dans les moyens bien plus que dans les principes.
>
> Napoléon Bonaparte

En quelques mots

Avant d'entamer une démarche mobilisant des statistiques ou une approche quantitative, il convient de bien définir les moyens dont on dispose sur différents plans :

- Sur le plan des **compétences et connaissances** : *de quelles connaissances et compétences je dispose sur les statistiques et les logiciels ? Puis-je acquérir rapidement ces connaissances et compétences ?*
- Sur le plan des **données** : *de quelles bases de données je dispose ?*
- Sur le plan **financier** : *de quel budget je dispose ?*

LES MOYENS À VÉRIFIER AVANT DE COMMENCER

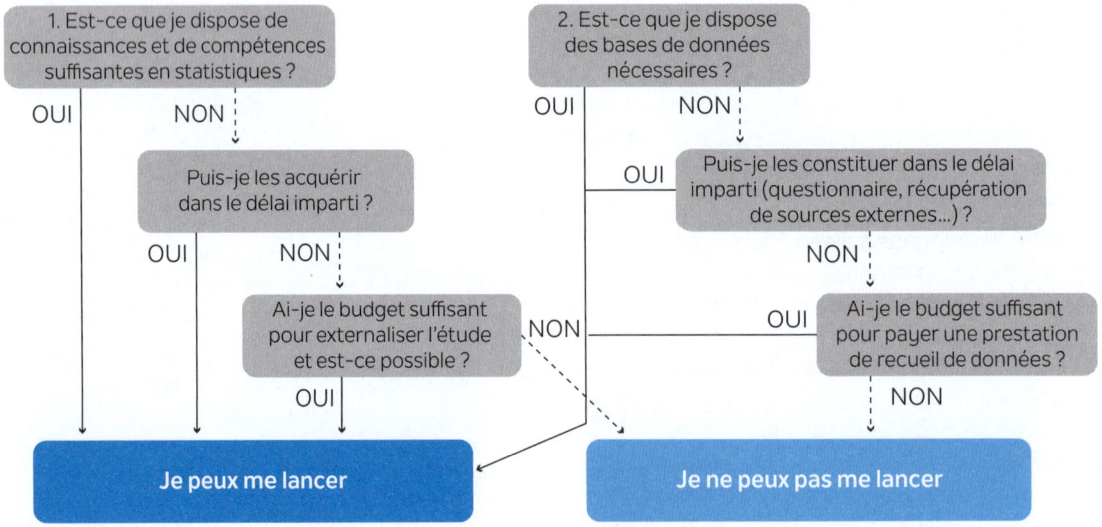

POURQUOI L'UTILISER ?

Objectifs

- Se poser les bonnes questions avant de se lancer dans un projet d'étude statistique.
- Définir les conditions nécessaires.

Contexte

Les projets d'étude statistique peuvent s'avérer coûteux en temps et en argent. Autant donc s'assurer dès l'amont que les moyens nécessaires pour la bonne réussite du projet sont réunis.

Ces moyens sont les suivants :

- Compétences et connaissances dans le domaine statistique : maîtrise des notions statistiques de base, maîtrise des logiciels de statistiques, notamment. Ce livre vise ainsi à fournir les compétences de base en analyse de données, et à présenter les principaux logiciels qui peuvent être utilisés.
- Bases de données adéquates, permettant de traiter la question posée. Ces données ne doivent pas avoir été agrégées au préalable. Des données agrégées limitent en effet les possibilités de croisement et d'analyse.

En cas d'absence de ces moyens, il peut être possible de rémunérer des prestations externes ou d'acheter des bases de données adaptées, mais cela peut représenter un budget important.

COMMENT L'UTILISER ?

Étapes

1. Définir les moyens à disposition :

- compétences et connaissances : si l'on ne dispose pas de compétences ou de connaissances statistiques, peut-être peut-on les acquérir ?;
- bases de données : si l'on ne dispose pas des bases de données adéquates, peut-être peut-on les constituer soi-même ?

2. Identifier les possibilités pour pallier l'absence de ces moyens, le cas échéant.

3. Savoir renoncer à un projet d'étude statistique si les conditions de réussite ne sont pas réunies.

Méthodologie et conseils

Les compétences et les connaissances peuvent s'acquérir par la lecture d'un manuel et des MOOCs par exemple. Mais cela demandera un certain investissement et un certain temps.

L'autre possibilité est de payer des experts dans le domaine étudié, ce qui peut représenter un budget important.

Les bases de données peuvent être constituées, par exemple, par des données issues de systèmes d'informations internes à l'entreprise, ou encore par l'administration d'un questionnaire (voir outils 10 et 11) ou par l'achat de bases de données externes.

Dans d'autres cas, il est aussi possible de tenter de récupérer des données depuis des sources auxquelles on ne pense pas au premier abord (comme les réseaux sociaux).

Certains prestataires sont aussi spécialisés dans la constitution de base de données, mais il faut alors prévoir un budget adapté.

Avant de vous lancer...

- ✓ **Évaluez vos compétences et connaissances en statistiques ainsi que votre maîtrise des logiciels statistiques. Si vos compétences ne sont pas suffisantes, prévoyez de faire appel à un prestataire.**
- ✓ **Cherchez les bases de données dont l'analyse pourrait vous permettre de répondre à la question ou aux questions que vous vous posez. Si vous ne disposez pas des données nécessaires, prévoyez de faire appel à un prestataire.**
- ✓ **Sachez renoncer si les conditions de réussite du projet d'étude ne sont pas réunies.**

Outil 5

Les différents logiciels de statistiques

> « L'avènement de programmes informatiques tels que SAS, SPSS, R, etc., offre une occasion unique d'enseigner la statistique à un niveau conceptuel sans trop s'enliser dans les équations.
>
> Andy Field

En quelques mots

Il existe différents **logiciels de statistiques**, les plus courants étant Excel, R, SAS, SPSS et Stata (liste non exhaustive). Il est essentiel de bien connaître les caractéristiques de chacun avant de choisir lequel mobiliser. Pour permettre un choix éclairé, il est possible de lister les caractéristiques sur les points suivants :

- coût ;
- ergonomie ;
- facilité d'installation ;
- possibilité de mener des analyses complexes ;
- possibilité d'améliorer facilement l'aspect visuel des graphiques.

LES DIFFÉRENTS LOGICIELS

POURQUOI L'UTILISER ?

Objectifs

- Connaître les logiciels statistiques disponibles.
- Posséder les clés pour choisir le bon outil.

Contexte

Les différents logiciels se distinguent entre autres en matière de :

- coûts : R étant le seul logiciel en accès libre;
- facilité d'installation (critère important, notamment pour les utilisateurs qui n'en auront qu'un usage de courte durée) : certains packages de R sont ainsi relativement difficiles à installer sous MacOS;
- facilité d'usage (critère important notamment pour les utilisateurs ne maîtrisant pas le code informatique) : Excel ou SPSS avec l'interface sont les plus faciles à utiliser;
- sophistication des analyses possibles : la version basique d'Excel étant ainsi particulièrement limitée par rapport aux autres logiciels;
- sophistication des visuels graphiques : Excel se démarquant cette fois pour sa facilité de personnalisation des graphiques.

COMMENT L'UTILISER ?

Étapes

1. **Définir le ou les objectifs recherchés** : si vous souhaitez uniquement réaliser des statistiques descriptives, mais accordez une grande importance aux représentations graphiques, Excel sera sans doute le logiciel le plus adapté; si vous visez des analyses plus sophistiquées, les autres logiciels seront plus adaptés.
2. **Définir les moyens à disposition** : si vous n'avez pas de budget à dédier, R sera sans doute le plus adapté, étant en accès libre; si vous ne maîtrisez aucun logiciel et n'êtes pas familier avec les notions statistiques de base et le codage informatique, Excel représente sans doute l'option la plus accessible, ou encore R avec l'ajout d'une interface (package « Rcmdr » par exemple).
3. **Sélectionner l'outil approprié**.

Méthodologie et conseils

Quel que soit l'outil choisi, il est important de prévoir un temps non négligeable pour entrer dans le logiciel et le maîtriser suffisamment pour produire des analyses intéressantes.

Au-delà des manuels, il existe de nombreuses ressources en ligne permettant de se former ou d'échanger avec d'autres utilisateurs, par exemple pour mieux comprendre la syntaxe d'une fonction ou une fonctionnalité, mais aussi pour débugger le cas échéant le logiciel.

Il existe ainsi des cours en ligne gratuits sur Excel, par exemple, mais aussi des forums d'échange entre utilisateurs de R ou d'autres logiciels. En revanche, certaines de ces ressources (forums d'échanges par exemple) sont plus riches en anglais qu'en français.

Par ailleurs, il faut noter que les logiciels de statistiques sont comme des langues étrangères : plus un utilisateur maîtrise de logiciels, plus il lui est facile d'en maîtriser de nouveaux !

Suite outil 5 →

Avant de vous lancer...

- ✓ **Définissez vos objectifs (et les méthodes statistiques associées) et vos moyens, puis choisissez le logiciel le plus adapté.**
- ✓ **Identifiez les ressources en ligne pour vous former à l'utilisation pratique du logiciel choisi.**
- ✓ **Commencez par des analyses faciles avant de vous lancer dans des procédures plus complexes.**

Suite outil 5

Les différents logiciels de statistiques

COMMENT ÊTRE PLUS EFFICACE ?

Tableau comparatif des différents logiciels

	EXCEL	R	SAS	SPSS	STATA
Coût	Achat de la licence Microsoft.	Gratuit.	Achat de licence nécessaire.		
Facilité d'installation	Très facile.	Très facile sous Windows, plus difficile sous MacOS, notamment pour certains packages.	Très facile.		
Ergonomie	Très ergonomique, aucune maîtrise du code nécessaire.	Nécessite une certaine maîtrise du code informatique; possibilité de télécharger des modules (*packages*) permettant d'accéder à une interface plus conviviale.	Possibilité de l'utiliser sans le code informatique avec une interface spécifique et souvent plus coûteuse, mais la maîtrise du code reste recommandée pour les usages les plus sophistiqués.		
Analyses complexes	Limitées : possibilité d'acheter un module complémentaire (XLSTAT).	Quasiment illimitées (développement régulier de *packages* adaptés).	Possibles.		
Graphiques	Très faciles à personnaliser.	Difficiles à personnaliser en cas de non-maîtrise du code informatique.	Difficiles à personnaliser, surtout en cas de non-maîtrise du code informatique.		

Exemples

Importer des données sous R avec l'interface RCMDR

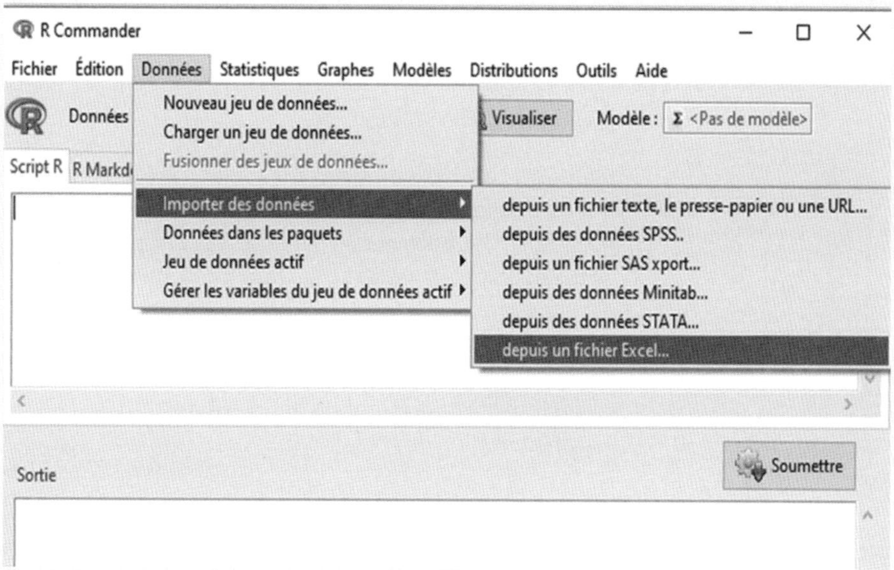

Les différentes analyses disponibles sous SPSS

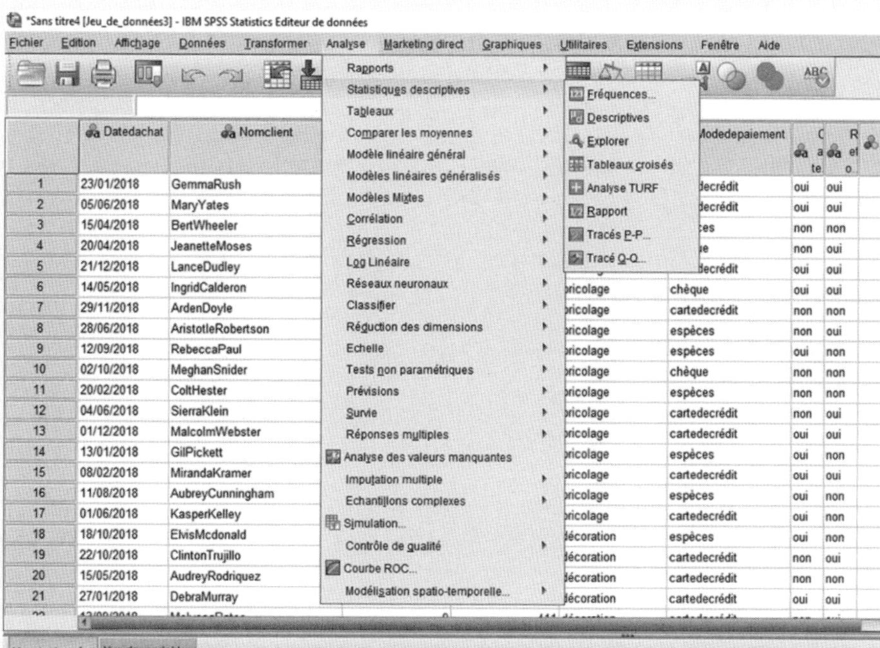

Outil 6 Les limites de la quantification

> « La statistique est la première des sciences inexactes. »
>
> Edmond et Jules Goncourt

En quelques mots

Même si le discours ambiant sur l'objectivité des statistiques tend à le faire oublier, les statistiques reposent, tout autant que les études qualitatives, sur des **choix humains**, et donc par essence subjectifs, ce qui peut introduire des **biais**. Les choix humains et subjectifs lors des étapes essentielles d'une étude statistique influencent :

- la construction, la définition et la sélection des variables;
- le choix des méthodes;
- l'analyse et l'interprétation des résultats;
- la présentation des résultats.

LES LIMITES DE LA QUANTIFICATION

Construction, définition, sélection des variables

Sélectionner les variables pertinentes revient à réduire le réel à quelques dimensions observables.

→

Choix des méthodes

Le choix des méthodes influe sur les résultats obtenus.

→

Analyse et interprétation des résultats

Un chiffre peut être interprété de plusieurs façons différentes.

→

Présentation des résultats

La présentation des résultats nécessite une sélection des informations les plus pertinentes.

POURQUOI L'UTILISER ?

Objectif

Se rendre compte des limites de la quantification.

Contexte

Nous vivons dans une société qui accorde un crédit important aux chiffres, aux statistiques, à tout ce qui est de l'ordre de la quantification. Notamment, les chiffres et les statistiques sont vus comme des garanties d'objectivité et de scientificité.
Cependant, ce crédit repose sur le mythe d'une quantification neutre et d'une statistique qui ne serait que le reflet de la réalité.
Or, de nombreux travaux de recherche ont remis en cause ce mythe, en montrant par exemple les différents biais associés à la quantification, ou encore l'importance des choix subjectifs dans les études statistiques.

COMMENT L'UTILISER ?

Étapes

1. À chaque étape de l'analyse, **prendre conscience des choix effectués :**

- Construction, définition et sélection des variables : cette étape représente toujours une réduction de la complexité du réel, puisqu'il s'agit de « mettre en données » des phénomènes ou des objets.
De ce fait, cette étape conduit à rendre plus visibles certains éléments et à en masquer d'autres.
- Choix des méthodes : cette étape est tout sauf neutre. Une analyse « toutes choses égales par ailleurs » ne donnera pas du tout les mêmes résultats qu'une analyse plus descriptive – les résultats peuvent s'avérer apparemment contradictoires.

2. Identifier l'influence des choix effectués sur les résultats.
Un même chiffre peut donner lieu à une multiplicité d'interprétations. Par exemple, les interprétations « *La majorité des Français sont contre cette proposition de loi* » et « *La moitié des Français sont pour cette proposition de loi* » peuvent toutes les deux être prononcées à partir du chiffre « *52 % des Français sont contre cette proposition de loi* ». Or, ces deux interprétations semblent s'opposer et ne produiront pas du tout le même effet chez l'interlocuteur.

3. Questionner l'influence des résultats présentés sur les actions des interlocuteurs.
Cette dernière étape se fonde toujours sur la sélection des résultats les plus pertinents. Les choix opérés ne sont donc pas neutres, puisqu'ils mettent en avant certains points au détriment d'autres.

Méthodologie et conseils

Certains phénomènes ou objets peuvent s'avérer difficiles (impossibles?) à quantifier. Il faudra donc choisir des variables permettant de les approcher. Encore une fois, ce choix est tout sauf neutre, et traduit des postulats et croyances qui peuvent être discutables.
Par exemple, les notes obtenues à l'école (qui sont des variables que l'on peut récupérer et utiliser dans une étude statistique) sont-elles exactement le reflet de la motivation et du travail de l'élève, voire de son intelligence (qui sont des variables difficilement observables et mesurables)?

Avant de vous lancer...

✓ Prenez bien conscience du fait que l'usage de statistiques n'est pas une garantie d'objectivité.

✓ Prenez également conscience de l'influence des choix méthodologiques effectués sur les résultats finaux.

2

DOSSIER

LES SOURCES DE DONNÉES

“

Garbage in, garbage out.

Proverbe informatique

Ce dossier porte sur la matière première des analyses statistiques : les données. Qu'elles soient préexistantes ou construites *ad hoc*, déclaratives ou non, de bonne qualité ou non, les données constituent le fondement de toute analyse statistique.
C'est pourquoi il faut prêter une attention particulière à leur collecte.

Les différentes sources de données

Une des étapes préliminaires à toute étude statistique consiste à se renseigner sur les bases de données existantes.
Ainsi, en entreprise, il peut exister des bases déjà constituées, sur les salariés, mais aussi sur les clients, sur les produits...
Il ne faut pas non plus négliger l'existence de bases de données issues de la statistique publique, et qui peuvent offrir des informations intéressantes à un niveau national ou international.

Cependant, si l'étude ne peut pas être réalisée à partir de données existantes, il faudra recueillir des données soi-même.
Une des options principales dans ce cas reste la construction et l'administration d'un questionnaire.

Les différents types de données

Ce dossier se concentre sur les données structurées, c'est-à-dire formatées de manière à entrer dans un tableur classique (type tableau Excel). Le dossier 9 consacré au big data évoquera les données non structurées, c'est-à-dire non formatées (texte par exemple).
Les données structurées peuvent être de plusieurs types : qualitatives ou quantitatives, ordinales ou non ordinales, etc.
Ce dossier et le suivant (dossier 3) cherchent ainsi à fournir des éléments de vocabulaire de base nécessaires pour bien appréhender une étude statistique et/ou échanger avec des experts des données.

Les outils

Outil 7 Les données : définitions

> “ Pour répondre aux questions intéressantes, vous avez besoin de données.
>
> Andy Field

En quelques mots

Les **données** peuvent être **primaires** ou **secondaires**. Elles sont intégrées dans une base de données ordonnée par des variables (le plus généralement, les colonnes du tableau).
Ces **variables**, qui prennent plusieurs **modalités**, portent sur des **individus** qui peuvent être de différents types : humains, objets, organisations… Bien définir le **périmètre** et l'**échantillon** de l'étude constitue une étape clé.
Maîtriser ces concepts est essentiel pour entrer dans toute démarche statistique.

LES DONNÉES : CONCEPTS ET DÉFINITIONS CLÉS

Notions clés	Définitions	Exemples
Données	Informations sur les individus. Les données peuvent être préexistantes à l'enquête, par exemple une base issue du système d'information, et sont dites alors secondaires car le statisticien n'a pas participé à leur collecte, ou bien construites dans le cadre de l'enquête, par exemple par l'administration d'un questionnaire, et sont dites alors primaires.	**Données primaires :** réponses à un questionnaire. **Données secondaires :** base de données client, base de données sur les salariés issue du SIRH.
Variable (ou caractère)	Moyens de décrire les individus de l'échantillon.	Âge, genre, salaire.
Modalité	Valeurs prises par les variables.	L'âge peut être exprimé en années ou en tranches d'âge.
Individu	Unité statistique étudiée.	Un client, un produit. L'étude peut porter aussi sur des organisations : une entreprise, une association.
Périmètre	Population étudiée.	L'ensemble des clients d'une entreprise.
Échantillon	Ensemble des individus sur lesquels il existe des données.	Les clients ayant répondu à un questionnaire.

POURQUOI L'UTILISER ?

Objectif

Maîtriser les notions clés de l'analyse de données avant d'entamer une analyse statistique.

Contexte

Les données sont la matière première de toute analyse statistique.
Elles peuvent être préexistantes à l'enquête : elles sont alors dites secondaires, car le statisticien n'a pas participé à leur collecte.
Elles peuvent au contraire être construites ou recueillies pour les besoins de l'enquête, comme dans le cas où un questionnaire *ad hoc* est administré : on parle alors de données primaires.
Ces données sont rangées dans une base qui comprend des variables (en général, chaque colonne représente une variable) et des individus (en général, chaque ligne représente un individu).
Le terme d'individu ne renvoie pas forcément à des personnes humaines : en statistique, un individu peut être une entreprise, un produit, un objet (les fonctions Achats ou Marketing peuvent traiter des bases de données portant sur des produits).
L'ensemble des individus représente l'échantillon étudié, qui peut être exhaustif de la population (tous les salariés d'une entreprise si on étudie cette entreprise) ou non (seuls les salariés ayant répondu au questionnaire).

COMMENT L'UTILISER ?

Étapes

1. Connaître tous les concepts et leur définition.
2. Bien identifier les données à disposition : quelles sont les variables contenues dans la base? Par exemple, si on s'interroge sur la fidélisation des clients, une base de données ne contenant pas de variables sur la fidélisation ne sera pas utile, et une base de données ne portant que sur la fidélisation, sans variables annexes (genre, âge, revenu, etc.) offrira des possibilités d'analyse limitées.
3. Vérifier le périmètre de ces données (population sur laquelle les données portent) : correspond-il à ce que vous recherchez ?
Par exemple, si vous cherchez des informations sur les intérimaires de votre entreprise, une base de données sur les salariés en CDI ne sera pas utile.
4. Identifier au sein de ces données les variables les plus intéressantes, c'est-à-dire celles qui vous fournissent les informations vous permettant de traiter la question posée.

Méthodologie et conseils

Identifier les données qui, si elles existaient, seraient intéressantes pour votre analyse peut constituer une première étape intéressante, avant de se confronter à la réalité des données existantes.
À noter : pallier un manque de données existantes par un questionnaire ou une enquête *ad hoc* a un coût non négligeable (en termes de temps et de budget), mais cela permet d'avoir un contrôle plus important sur les variables disponibles.

Avant de vous lancer...

✓ **Les notions de données, variables, modalités, individus, échantillon, sont parfois utilisées abusivement et mélangées dans le langage courant. Pourtant, elles constituent des notions de base de l'analyse de données.**

✓ **Les données étant la matière sur laquelle toute analyse statistique se fonde, il est impératif de prêter une attention particulière à leur étape d'identification.**

Outil 8 La population de l'étude

> *Mieux vaut une enquête auprès d'un échantillon dont on connaît bien les conditions de recrutement et de passation qu'une enquête aspirant à être exhaustive ou très large.*
>
> Olivier Martin

En quelques mots

Le **périmètre** de l'étude, ou **population**, correspond à l'ensemble des unités (**individus**) étudiées. Il peut s'agir d'êtres humains, mais pas uniquement ! Dans le cas d'une étude portant sur des produits, la population (ou les individus étudiés) est constituée de produits. L'analyse peut porter sur un **recensement** exhaustif de la population (ex. : tous les salariés d'une entreprise) ou sur un **échantillon** composé d'une partie de la population (ex. : 1 000 produits étudiés parmi 10 000). Dans le cas d'un échantillon non exhaustif, la question de la **représentativité** de l'échantillon doit être prise en compte.

POPULATION, ÉCHANTILLON, RECENSEMENT

Je peux disposer de données sur la population entière.	Je ne peux pas disposer de données sur la population entière.
• Souvent possible quand on travaille sur des données issues de SI : SIRH, SI Produit, base de données clients, etc. • Quasiment impossible en cas d'enquête par questionnaire.	• L'objet est détruit au cours de l'étude (ex. : contrôle qualité). • L'ensemble de la population n'est pas accessible. • Le budget et/ou le délai excluent l'interrogation exhaustive de la population (ex. : sondages pour les élections présidentielles).
Recensement	**Échantillon**

Échantillon ↓

Critères majeurs
Taille de l'échantillon
Constitution de l'échantillon

Pour améliorer la précision des résultats
Redresser l'échantillon
(quand c'est possible)

POURQUOI L'UTILISER ?

Objectifs

- Faciliter le choix entre le recensement et l'échantillon.
- Constituer un échantillon représentatif le cas échéant.

Contexte

La population étudiée a des caractéristiques propres : taille, statut des individus (êtres humains, objets, groupes, etc.).
Par ailleurs, l'enquête statistique s'inscrit dans des environnements contraints (contraintes financières, temporelles) qui peuvent rendre parfois impossible la mobilisation d'un recensement exhaustif de la population.

COMMENT L'UTILISER ?

Étapes

1. **Bien définir la population étudiée** (ex. : salariés en CDI au 31/12/2019, clients ayant effectué un achat le 31/12/2019...).
2. Si le recensement est impossible, **bien définir la taille** de l'échantillon souhaitée.
3. **Définir la méthode d'échantillonnage :**
   - échantillon sur quotas : l'échantillon est constitué de manière à avoir les mêmes caractéristiques, ex. : pourcentage de femmes, de 30-40 ans, de hauts revenus, etc., que la population-mère ;
   - tirage aléatoire : les individus de l'échantillon sont tirés au sort parmi la population-mère.
4. **Définir des poids** permettant de redresser l'échantillon.

Méthodologie et conseils

Lorsque l'étude porte sur un échantillon (un sous-ensemble de la population étudiée), il faut veiller à trois éléments centraux.
Tout d'abord, la taille de l'échantillon doit être suffisante : un résultat obtenu sur l'échantillon ne peut être extrapolé à la population entière qu'avec une marge d'erreur qui dépend en grande partie de la taille de l'échantillon.
Ensuite, l'échantillon doit être défini selon certaines règles : échantillon sur quotas, tirage aléatoire.
Enfin, quand c'est possible, c'est-à-dire quand les caractéristiques de la population-mère sont connues, il convient de redresser l'échantillon, c'est-à-dire d'appliquer des poids à chaque individu pour que les calculs effectués sur l'échantillon (moyenne, fréquence, etc.) puissent être extrapolés à la population entière.
Par exemple, si la population-mère comprend 50 % de femmes et que l'échantillon n'en comprend que 25 %, chaque femme de l'échantillon peut compter double pour aboutir à une représentation semblable à celle de la population-mère.
Il faut bien garder en tête que, si vous mobilisez une enquête par questionnaire, votre échantillon final (les répondants) risque d'être bien plus faible que l'échantillon visé au départ. Les taux de réponse aux enquêtes en ligne sont en général assez faibles. Prévoyez donc un envoi à au moins 10 fois plus de personnes que la taille d'échantillon minimale.

Suite outil 8 →

Avant de vous lancer...

✓ Il est essentiel de réfléchir dès l'amont, avant même le recueil des données, à la constitution de l'échantillon, car la qualité des résultats et notamment la possibilité de les extrapoler à la population-mère dépendent de la constitution de l'échantillon.

✓ La taille de l'échantillon dépend généralement de contraintes liées au coût mais aussi du degré de précision attendu pour les résultats.

Suite outil

8 La population de l'étude

COMMENT ÊTRE PLUS EFFICACE ?

Le choix de la population cible

Définir la population cible n'est pas si évident qu'il n'y paraît. Pour réaliser une enquête auprès des salariés de votre entreprise, la population cible serait donc « les salariés de l'entreprise », mais cette définition n'est pas si simple. Les salariés en CDD y sont-ils inclus? Par ailleurs, à quelle date considérez-vous cette population?

Ces questionnements vont conditionner à qui vous devrez envoyer votre enquête et vos procédures de redressement. Il est impératif de mettre en cohérence ces deux points. Ainsi, si vous n'envoyez pas votre enquête aux salariés en CDD, il ne faudra pas redresser votre échantillon en tenant compte des salariés en CDD dans la population cible.

Le choix des variables de redressement

Le redressement est une opération complexe. Il faut en effet choisir sur quelles variables l'échantillon doit être redressé. Reprenons notre exemple : vous réalisez une enquête auprès de vos salariés en CDD et CDI sur leurs conditions de travail. Le redressement doit tenir compte des variables qui pourraient influer sur celles-ci : métier occupé par exemple.

Cependant, le fait d'avoir de nombreuses variables de redressement peut fausser l'opération. Il faut donc trouver un arbitrage entre précision et minimisation du nombre de variables de redressement.

Les principes de redressement

Redresser consiste à attribuer un poids aux individus de manière que l'échantillon pondéré soit représentatif de la population cible.

Par exemple, si les femmes représentent 50 % de la population de l'entreprise, mais qu'elles ne représentent que 25 % de l'échantillon des personnes ayant répondu à votre enquête, vous pourrez leur attribuer un poids de 2 à chacune (et un poids de 2/3 à chaque homme, qui représentent 75 % de l'échantillon mais 50 % de la population cible), pour que le calcul d'une moyenne pondérée puisse être extrapolé à l'ensemble de l'échantillon.

Autrement dit, le poids attribué à un individu correspond à : fréquence dans la population cible/fréquence dans l'échantillon (0,5/0,25 = 2 pour les femmes; 0,5/0,75=2/3 pour les hommes).

Les opérations se compliquent quand on redresse sur plus de variables. Cependant, si leur répartition croisée est connue sur la population cible, la même règle peut être appliquée. Si leur répartition croisée n'est pas connue, d'autres techniques doivent être mobilisées.

Ces calculs peuvent aboutir à des poids très élevés, ou aberrants. Supposons que le redressement soit effectué sur le genre, la catégorie professionnelle et le type de contrat. Imaginons qu'il n'y ait qu'une seule femme ouvrière en CDD dans votre échantillon de 1 000 répondants, ce qui signifie que les femmes ouvrières en CDD représentent 0,1% de votre échantillon. Si les femmes ouvrières en CDD représentent 1% de votre population cible, l'ouvrière en CDD répondante se verra attribuer un poids de 10. Cela signifie que vous extrapolez la réponse d'une seule personne à plusieurs individus, ce qui représente de forts risques d'erreur.

Exercices

Redressement et pondération

Exercice 1 : Choisir les variables de redressement

> Identifier des variables potentielles de redressement sur les sujets suivants :

1. Conditions de travail des salariés.

2. Satisfaction des clients d'un hypermarché.

3. Ergonomie perçue d'un site Web.

4. Type d'épargne et risque perçu des produits financiers.

....

....

• Astuce : dans les cas où vous disposez de vos données d'enquête, vous pouvez effectuer des statistiques descriptives bivariées (voir dossier 4) pour identifier les variables démographiques liées au sujet étudié, qui sont celles sur lesquelles il faut redresser en priorité.

Exercice 2 : Calculer des poids

> À partir des indications données dans les pages précédentes, calculer les poids attribués aux individus dans le cas ci-dessous.

Fréquences dans la population cible :

	CDD	CDI
Femmes	0,1	0,45
Hommes	0,05	0,4

Fréquences dans l'échantillon obtenu :

	CDD	CDI
Femmes	0,05	0,4
Hommes	0,05	0,5

> Réponse :

	CDD	CDI
Femmes	2 (0,1/0,05)	1,125 (0,45/0,4)
Hommes	1 (0,05/0,05)	0,8 (0,4/0,5)

Outil 9 Les données d'entreprise

> La technologie de l'information a changé la façon dont les gens créent de la valeur économique.
>
> Alan Greenspan

En quelques mots

Les entreprises disposent souvent de grandes quantités de données sur leurs **clients**, leurs **produits**, leurs **salariés**, entre autres.
Ces données sont généralement stockées dans des **systèmes d'information** (SI).
Si de nombreuses règles doivent généralement être respectées pour y accéder (anonymisation, confidentialité, etc.), leur étude peut s'avérer très intéressante.

LES SOURCES DE DONNÉES D'ENTREPRISE

Domaine	Exemples de systèmes d'information	Exemples d'informations présentes dans le SI
Ventes et marketing	➤ SI sur les ventes réalisées ➤ SI sur les clients	Transactions réalisées : date, heure, produits achetés, prix, mode de règlement.
Fabrication et production	➤ SI sur les produits ➤ SI sur les processus de fabrication	Produits : couleur, poids, dimensions.
Finance et comptabilité	➤ SI sur les transactions réalisées avec des fournisseurs ➤ SI sur les notes de frais	Transactions réalisées avec les fournisseurs : adresse du fournisseur, service réalisé, montant de la transaction, date.
Ressources humaines	➤ SI sur les salariés ➤ SI sur les candidats	Salariés : adresse, situation familiale, niveau de diplôme, poste occupé.

POURQUOI L'UTILISER ?

Objectif

Se demander si des bases de données déjà existantes, par exemple au sein de l'organisation le cas échéant, pourraient permettre de traiter le sujet avant de se lancer dans un questionnaire ou autre démarche coûteuse de collecte de données.

Contexte

Les entreprises disposent généralement de nombreuses bases de données. Ainsi, un système d'information relatif aux salariés (SIRH) comprend des informations sur l'ensemble des salariés de l'entreprise.

Tout d'abord, elles peuvent être incitées à construire et maintenir ces bases de données pour des raisons légales (reporting social par exemple).

Ensuite, la digitalisation des entreprises accentue cette tendance puisque le volume de données augmente.

De la même façon, l'apparition et le développement des cartes de fidélité ont contribué à accroître considérablement les données dont les entreprises disposent sur leurs clients.

Les données issues des systèmes d'information ont le grand avantage d'être en général exhaustives (recensement de la population, voir outil 8).

Cependant, ces données sont généralement limitées aux éléments factuels : adresse, achats réalisés, prix d'un produit, etc. Elles sont donc peu utiles pour traiter certains sujets comme ceux liés aux perceptions des individus, par exemple.

Les données issues de systèmes d'information ont l'avantage de porter sur la population entière, mais présentent plusieurs inconvénients dont il faut avoir conscience. Ainsi, l'analyse dépend totalement des variables et informations présentes dans le SI.

COMMENT L'UTILISER ?

Étapes

1. **Bien définir le sujet** et la population étudiée : définir une ou plusieurs questions (ex. : quels sont les facteurs qui accroissent la fidélisation de mes clients ?) que vous souhaitez traiter.
2. **Essayer d'identifier** si des bases de données permettant de traiter ce sujet sont disponibles au sein de l'entreprise : systèmes d'information, enquêtes déjà réalisées, réseau social interne, etc.
3. **Respecter les règles** et protocoles de sécurité liés à l'exploitation de ces données.

Méthodologie et conseils

Le volume et la variété des données sont de plus en plus importants dans les organisations.

Par exemple, là où les transactions étaient réglées sans être enregistrées dans un quelconque système par le passé, l'information et la complexification des caisses enregistreuses ont systématisé l'enregistrement de chaque transaction dans des fichiers de données.

Avant de vous lancer...

- ✓ **Mener une enquête par questionnaire ou construire de toutes pièces un jeu de données représente une procédure coûteuse en temps et en argent.**
- ✓ **Ainsi, il faut vérifier si des données déjà existantes peuvent être mobilisées pour traiter le sujet.**
- ✓ **Ces données peuvent présenter certains inconvénients, mais leur avantage réside dans le fait qu'elles portent généralement sur la population entière.**
- ✓ **Certains sujets se prêtent plus que d'autres à la mobilisation de données issues de SI d'entreprise.**

Outil 10 Le questionnaire : les questions

> “ Si tu ne comprends pas, pose des questions.
>
> Chimamanda Ngozi Adichie

En quelques mots

Un questionnaire permet d'interroger les individus sur leurs **perceptions**, leurs **comportements**, leurs **avis**... Différents types de questions peuvent être posés : choix multiples, échelle, hiérarchisation, réponse libre... Attention cependant, le type de question conditionne ensuite l'analyse.

Certaines bonnes pratiques permettent de limiter les phénomènes de non-réponses et les questionnaires non finalisés : il faut notamment veiller à la durée du questionnaire et à la clarté des questions.

LES DIFFÉRENTS TYPES DE QUESTIONS

Questions fermées

Choix multiple

Ordonné : Êtes-vous d'accord avec l'affirmation X ?
Pas du tout – Ni d'accord, ni pas d'accord – Tout à fait d'accord
Non ordonné : Quelle couleur préférez-vous ?
Rouge – Bleu – Vert

→ **Tableaux de fréquences**

Hiérarchisation

Rangez les critères d'achat suivants du plus au moins important :
Prix
Qualité
Dimensions
Solidité
...

→ **Tableaux de fréquences d'apparition en 1er choix, 2e...**

Échelle

Sur une échelle de 1 à 5, quel est votre degré d'accord avec l'affirmation suivante ?

Dans quelle mesure êtes-vous satisfait de ce produit, sur une échelle de 1 à 10 ?

→ **Moyenne, écart-type, variance, quantiles...**

Questions ouvertes

Que pensez-vous de ce produit ?
Qu'est-ce qui vous satisfait le plus au travail ?

→ **Analyse sémantique**
Codage des réponses

POURQUOI L'UTILISER ?

Objectifs

- Identifier les différents types de questions qui peuvent être posées dans un questionnaire.
- Identifier les différents types d'analyses pouvant être menées selon le type de question.

Contexte

Un questionnaire comprend deux grandes catégories de questions : les questions ouvertes avec réponse libre, souvent textuelle, et les questions fermées, où le répondant ne peut fournir qu'un seul type de réponse.
Une fois les questions définies, il faut faire tester le questionnaire à des personnes proches de la population cible, en s'assurant des éléments suivants :
- les questions ne doivent pas être ambiguës ni le vocabulaire trop complexe ;
- dans le cas d'un questionnaire auto-administré, il faut limiter la durée du questionnaire, car les répondants peuvent mettre fin au questionnaire s'ils le jugent trop long. Une dizaine de minutes semble un maximum (à adapter suivant les contextes bien entendu).

COMMENT L'UTILISER ?

Étapes

1. **Définir les sujets d'intérêt** et éventuellement des hypothèses à tester : décliner la question qui vous conduit à analyser des données en sous-questions ou hypothèses et identifier les thèmes sous-jacents à ces sous-questions.
2. **Transformer ces sujets en questions** en gardant en tête que l'analyse sera contrainte par le format des questions : par exemple, si l'analyse porte sur le choix d'un produit plutôt qu'un autre, vous pouvez demander au client d'attribuer à chaque critère de choix du produit (prix, qualité, etc.) un degré d'importance, et calculer ensuite le degré d'importance moyen de chaque critère.
3. **Tester le questionnaire** auprès de personnes proches de la population cible.

Méthodologie et conseils

Le type de question conditionne fortement le type d'analyse. Par exemple, il n'est pas possible de calculer des moyennes sur des questions à choix multiples non ordonnées, qui sont généralement analysées sous forme de fréquences.
Il faut donc réfléchir au type d'analyse souhaité avant de définir les questions (voir outil 14).
Les questions ouvertes ont l'avantage de permettre une plus grande liberté d'expression, mais ont de nombreux inconvénients dans le cadre d'un questionnaire auto-administré (c'est-à-dire quand il n'y a pas d'interviewer pour recueillir les réponses et que le répondant est seul face au questionnaire) : cela peut inciter les répondants à arrêter le questionnaire, les réponses recueillies peuvent être relativement pauvres, et leur analyse reste généralement difficile.
Les questions fermées ont l'inconvénient de cadrer les réponses, mais sont plus facilement analysables et nécessitent moins de temps de réponse.
Il y a plusieurs types de questions fermées, les plus courants étant :
- choix multiples avec une ou plusieurs réponses possibles, ordonnées ou non;
- hiérarchisation de différents éléments;
- échelle de réponse.

Avant de vous lancer...

✓ **Contrairement aux entretiens en face-à-face, vous ne pourrez plus modifier votre questionnaire une fois que vous l'aurez envoyé. Il faut donc y prêter une attention particulière.**

Outil 11 Le questionnaire : les biais

« *L'intelligence, c'est ce que mes tests mesurent.* »
Alfred Binet

En quelques mots

Il existe de nombreux biais qui peuvent conduire les répondants à déformer la réalité au moment de répondre à un questionnaire : **biais de désirabilité sociale**, **biais de confirmation**, **effet de halo**...
S'il est difficile de supprimer ces biais, les connaître peut permettre de les limiter.
Dans tous les cas, en avoir conscience favorise la prise de recul au moment de l'analyse.

DIFFÉRENTS TYPES DE BIAIS

Biais	Définition	Moyen pour le diminuer
Biais de désirabilité sociale	Biais consistant à vouloir se présenter sous un jour positif, et à répondre ce que l'on pense attendu par l'enquêteur.	L'administration du questionnaire en face-à-face augmente le biais de désirabilité sociale, l'auto-administration (questionnaire en ligne par exemple) le diminue.
Biais de confirmation	Biais consistant à privilégier les informations confirmant des idées ou hypothèses préconçues.	Poser des questions autres que celles qui pourraient confirmer des hypothèses initiales.
Biais d'auto-complaisance	Biais consistant à attribuer la causalité de sa réussite à des qualités propres.	Interroger les individus sur les causes externes à leur réussite.
Effet de halo	Des réponses à certaines questions peuvent être influencées par des réponses à des questions proches.	Faire varier l'ordre des questions.
Stéréotypes	Croyances concernant les caractéristiques des membres d'un groupe.	Formuler les questions de la manière la plus factuelle possible.

POURQUOI L'UTILISER ?

Objectif

Identifier et diminuer les cinq principaux biais présentés en illustration.

Contexte

Le raisonnement et la pensée des êtres humains sont soumis à de nombreux biais, généralement inconscients. Dans le cadre de l'administration d'un questionnaire, les biais les plus connus sont le biais de désirabilité sociale, le biais de confirmation, le biais d'auto-complaisance, l'effet de halo (ou de contamination) et les stéréotypes. Ces biais influent sur les réponses des individus et créent un écart quasi inévitable entre la réalité et la réponse de l'individu. Par exemple, un individu interrogé sur ses compétences (ex. : connaissez-vous tel concept?) aura tendance à sur-déclarer ses compétences (biais de désirabilité sociale). Il faut bien garder à l'esprit qu'il existe d'autres biais, et que par ailleurs aucune astuce ne peut permettre de les supprimer totalement. Ils font partie du jeu : quand on interroge des individus, il faut accepter que leurs perceptions et déclarations ne correspondent pas toujours aux faits. Cependant, il faut essayer de les limiter.

COMMENT L'UTILISER ?

Étapes

1. Au moment de la formulation des questions, **prendre garde aux différents biais** : par exemple, une question du type « estimez-vous être quelqu'un de rigoureux? » est soumise à un fort biais de désirabilité sociale.
2. Essayer d'identifier les biais au moment du test du questionnaire auprès de personnes proches de la population cible (voir outil 10). Vous pouvez ainsi demander aux personnes testant le questionnaire pourquoi elles ont formulé telle ou telle réponse, ou encore tester différentes formulations de question et étudier les potentielles variations dans les réponses.
3. Garder à l'esprit ces différents biais au moment de l'analyse des réponses.

Méthodologie et conseils

Même si les biais peuvent être limités dans une certaine mesure, ils font partie des risques inhérents à une enquête par questionnaire.
Cela doit inciter à une certaine prise de recul au moment de l'analyse des réponses, plus qu'à un rejet systématique de ce type d'enquête.
Par exemple, il faut tenir compte du fait que les individus ont tendance à sur-déclarer leurs compétences, ou encore à sous-déclarer des éléments qu'ils pensent peu acceptables socialement.

Suite outil 11 →

Avant de vous lancer...

- ✓ **Réfléchissez bien aux différents biais qui peuvent influer sur les réponses aux questions lors de la construction du questionnaire.**
- ✓ **L'étude des biais doit faire partie des points à prendre en compte lors du test du questionnaire.**
- ✓ **L'existence quasiment inévitable de biais ne doit pas conduire à rejeter systématiquement l'enquête par questionnaire. Les enquêtes qualitatives sont soumises aux mêmes types de biais.**
- ✓ **En revanche, cela doit être pris en compte au moment de l'analyse des réponses.**

Suite outil 11

Le questionnaire : les biais

COMMENT ÊTRE PLUS EFFICACE ?

La définition des questions

Définir les questions d'un questionnaire est souvent la tâche la plus importante et la plus ardue.

La première étape consiste à identifier les grands sujets d'intérêt, les grandes notions à aborder.

Cette étape peut être effectuée en combinant plusieurs sources d'informations :

- votre connaissance personnelle du sujet ;
- des échanges avec des experts ou des personnes directement concernées par le sujet ;
- la littérature académique sur le sujet.

Supposons ainsi que vous deviez construire un questionnaire sur l'engagement des salariés de votre entreprise. En tant que salarié, vous avez une expérience personnelle du sujet, et vous pouvez donc identifier quelques notions clés en lien avec l'engagement. Par ailleurs, vous pouvez aussi échanger avec d'autres salariés, ou encore avec des experts de l'engagement, pour compléter votre première liste de notions.

Enfin, la littérature académique très riche sur l'engagement des salariés peut vous aider à identifier d'autres notions.

La seconde étape consiste à définir des questions précises pour chaque notion (généralement, plusieurs questions par notion).

Vous pouvez pour ce faire vous aider éventuellement de la littérature académique qui a pu définir des échelles avec des formulations précises de questions (des échelles d'engagement, par exemple).

L'identification des biais

Identifier les biais induits par la formulation ou l'ordre des questions est extrêmement difficile.

Une solution peut être par exemple d'administrer le questionnaire à l'oral, et de demander aux répondants d'expliciter en plus de leur réponse les raisons qui les ont poussés à répondre de cette façon.

Quoi qu'il en soit, il est impératif de bien connaître les différents types de biais et de tenter de les limiter.

La non-neutralité de la formulation

En lien avec la question des biais, il est impératif de prendre conscience des effets de la formulation de la question sur la réponse apportée.

Par exemple, la question : « Pensez-vous que l'entreprise X a des filiales qui ne respectent pas les droits humains ? » n'est pas la même que « Craignez-vous que l'entreprise X ait des filiales qui ne respectent pas les droits humains ? » ou encore que « Pensez-vous que l'entreprise X a des filiales qui ne respectent pas les droits humains (travail des enfants, salaires très faibles, etc.) ? ».

Les variables d'identification

Il est important d'ajouter à votre questionnaire des questions dites d'identification, c'est-à-dire portant sur les caractéristiques des individus : genre, âge, niveau de qualification, etc.

En effet, en général, ces variables sont structurantes, c'est-à-dire qu'elles influent sur les réponses aux autres questions. Vous pouvez les positionner en fin de questionnaire.

Exercices

Construire un questionnaire efficace

Exercice 1 : Identifier des variables d'intérêt

> La directrice d'un magasin demande à un stagiaire de construire un questionnaire visant à analyser les sources d'insatisfaction et de satisfaction des clients du magasin. À partir de votre connaissance personnelle du sujet, mais aussi de vos lectures et d'éventuels échanges que vous pourriez avoir avec des clients, identifiez des grandes catégories de sources de satisfaction ou insatisfaction.

....

....

....

....

Exercice 2 : Construire son questionnaire

> Construisez ensuite le questionnaire associé.

- Astuce 1 : Essayez de mélanger différents types de questions (voir outil 10) pour vous familiariser avec l'ensemble des types de questions.
- Astuce 2 : Attention aux biais ! L'outil 11 peut vous aider à les identifier et les limiter.

Exercice 3 : Administrer son questionnaire

> À votre avis, comment le stagiaire doit-il faire pour administrer son questionnaire de manière à limiter les biais, maximiser le taux de réponse, et au coût le plus faible ?

....

....

....

....

Exercice 4 : Tester son questionnaire

> Testez le questionnaire que vous avez construit auprès d'amis ou de collègues (en leur expliquant la situation fictive). Restez avec eux pendant qu'ils remplissent le questionnaire. Observez leurs réactions, répondez à leurs éventuelles interrogations, et demandez-leur leur avis sur le questionnaire.

> Modifiez ensuite votre questionnaire en conséquence.

Outil 12

Les données externes

« Le statisticien peut aussi analyser des données externes à son organisation, et dont il n'est pas le producteur.

En quelques mots

En plus des données d'entreprise et des enquêtes par questionnaire, il est aussi possible d'accéder à des bases de données, gratuitement ou non. Des données d'enquête sont ainsi mises à disposition par **l'INSEE**, le **World Value Survey**, le **World Management Survey**, **Statista**... Ces enquêtes peuvent servir à étudier un sujet à un niveau national ou international, et ainsi à obtenir des résultats généraux qui peuvent ensuite être comparés à ceux de l'organisation, ou qui peuvent contribuer à éclairer certains aspects de l'organisation.

DIFFÉRENTES SOURCES DE DONNÉES EXTERNES

WMS World Management Survey	Enquête internationale et intersectorielle sur les pratiques de management.
statista	Portail en ligne offrant des statistiques issues de données d'instituts, d'études de marché et d'opinion.
WVS	Enquête internationale sur les valeurs des individus, actualisée régulièrement.
Insee	Institut national de la statistique et des études économiques, met à disposition certaines de ses bases de données gratuitement.
Quetelet Progedo Diffusion	Réseau de diffusion et portail d'accès aux données françaises en sciences humaines et sociales.

? POURQUOI L'UTILISER ?

Objectif

Identifier différentes sources de données externes. La liste présentée ci-contre n'est bien sûr pas exhaustive.

Contexte

Les données provenant de sources externes peuvent être particulièrement utiles s'il n'est pas possible d'accéder à des données de l'entreprise et pas envisageable d'administrer un questionnaire, ou encore si l'analyse vise à obtenir des résultats génériques, dépassant le seul cadre de l'entreprise. La diffusion de données d'enquête est de plus en plus courante et va sûrement se développer encore dans la mouvance de l'« open data ». Ces données peuvent être de très bonne qualité. Elles peuvent permettre d'accéder à des informations intersectorielles ou internationales.

Les données d'enquêtes par questionnaire sont livrées avec le questionnaire et la méthodologie d'enquête. Il faut bien prêter attention à ces informations car elles donnent des éléments précieux pour évaluer la rigueur de l'enquête et le potentiel de généralisation des résultats. L'inconvénient des données de ce type est que l'analyste ne peut pas choisir les questions posées, la population interrogée, etc.

COMMENT L'UTILISER ?

Étapes

1. Chercher parmi différentes sources de données externes celles qui se rapprochent le plus de votre objectif (périmètre, sujet d'enquête...). Ainsi, si votre enquête porte sur le travail et le management, l'enquête WMS sera sans doute la plus appropriée, notamment si vous souhaitez faire des comparaisons internationales. Si votre enquête porte sur un marché, la base Statista sera sans doute la plus proche de votre sujet.

2. Obtenir l'accès aux données en respectant les règles et protocoles d'accès. Aujourd'hui, certains organismes de statistiques publiques ont mis en place des protocoles d'accès contraignants et onéreux (passage par des serveurs sécurisés avec identification par empreinte digitale par exemple), nécessaires pour garantir la sécurité des données.

Méthodologie et conseils

Google a récemment mis au point un moteur de recherche de bases de données, Google Dataset Search. Il permet d'identifier des bases de données à partir de mots-clés. Encore en version beta en 2019, ce moteur de recherche devrait devenir de plus en plus pertinent.

Les sources de données externes sont particulièrement utiles pour les études dépassant le cadre de l'entreprise : études sectorielles, nationales, internationales. En revanche, leurs utilisateurs n'ont aucune maîtrise des questions posées et donc des variables présentes dans la base de données.

Suite outil 12 →

Avant de vous lancer...

- ✓ **Il existe de nombreuses sources de données externes, gratuites ou non.**
- ✓ **Il faut veiller à ce que l'enquête identifiée corresponde aux objectifs visés par l'analyse : population enquêtée, questions posées, date de l'enquête...**
- ✓ **Cela peut permettre d'obtenir des résultats dépassant le cadre de l'entreprise, voire le cadre national.**
- ✓ **Cela peut également être utilisé dans le cadre d'une comparaison avec ce qui est observé au sein d'une organisation donnée.**

Les données externes

COMMENT ÊTRE PLUS EFFICACE ?

Définir le sujet

La première étape pour trouver des données externes consiste à bien délimiter le sujet, et notamment les points sur lesquels vous pouvez accepter que les données s'éloignent un peu du sujet, et les points sur lesquels vous avez vraiment besoin de données précises.

Par exemple, si vous souhaitez obtenir une base de données sur le rapport au travail des individus, est-il plus important pour vous d'avoir une enquête contenant des variables précises (type d'emploi occupé, niveau hiérarchique, taille de l'équipe, de l'entreprise, type de contrat, catégorie professionnelle, etc.) ou bien d'avoir des informations sur l'importance générique qu'ils accordent au travail ?

Définir le périmètre souhaité

La seconde étape consiste à bien définir le périmètre souhaité. Le périmètre renvoie à la fois à la population étudiée (zone géographique, âge, caractéristiques des répondants) et à la profondeur temporelle souhaitée.

Ainsi, vous pouvez souhaiter étudier le rapport au travail de l'ensemble des individus ayant entre 18 et 65 ans, ou bien au contraire inclure aussi des personnes plus jeunes, n'ayant éventuellement pas encore d'expérience professionnelle, ou encore des personnes plus âgées, ayant une expérience professionnelle mais ne travaillant plus.

En ce qui concerne la zone géographique, il faut savoir que certaines enquêtes sont nationales, alors que d'autres sont internationales. Enfin, il faut définir la profondeur temporelle et la date de production des données.

Accepter de faire évoluer le sujet en fonction des données disponibles

Contrairement au cas où vous pouvez construire votre propre questionnaire, vous n'avez pas de maîtrise sur les données externes que vous mobilisez : vous ne pouvez pas participer à la définition des variables, du périmètre, etc.

Il faut donc accepter de faire évoluer votre sujet en fonction de ces données.

Ainsi, si vous vous rendez compte que les données ne vous permettent pas de traiter le sujet « rapport des individus au travail en fonction de leur statut (salarié, inactif, chômeur, etc.) » car la base de données ne porte que sur des salariés, peut-être pouvez-vous le faire évoluer en « rapport des salariés au travail en fonction de leurs caractéristiques individuelles (genre, âge, etc.) ».

En tout état de cause, le fait de mobiliser des données externes suppose généralement une adaptation du sujet traité.

S'approprier les données

Les données externes peuvent nécessiter un travail d'appropriation important, car vous n'avez pas participé à leur production.

Pour cela, vous pouvez vous aider des dictionnaires des variables et autres documents qui accompagnent la base de données, mais également d'échanges et de contacts avec les producteurs de données qui pourront vous aiguiller sur certains points méthodologiques.

Cas d'entreprise

Exploiter des données externes

Beta est une petite entreprise souhaitant se développer dans le secteur des produits d'hygiène corporelle. Depuis plusieurs années, l'entreprise essaie d'augmenter ses ventes de produits, sans succès. Pour améliorer sa part de marché, l'entreprise souhaite :

- d'une part, modifier légèrement ses produits de façon à ce qu'ils correspondent mieux aux attentes des clients;
- d'autre part, mener une campagne publicitaire permettant de convaincre les clients d'acheter les produits Beta.

L'entreprise se demande s'il est important de revoir en plus le packaging des produits. Elle hésite à entamer la démarche longue et coûteuse de commanditer une étude de marché à un prestataire externe.

Une recherche sur Google Dataset Search fait ressortir un ensemble d'indicateurs datant de 2015 disponibles sur le site Statista, et mentionnant le degré d'importance de chaque facteur de choix d'achat d'un produit d'hygiène corporelle.

Critère	Cité en premier par ... % de personnes
Mention sur la protection de la peau (hypoallergénique, etc.)	30%
Prix	23%
Marque	18%
Parfum	7%
Valeurs écoresponsables (bio, écologique, etc.)	7%
Caution médicale sur l'étiquette (testé par des médecins, etc.)	7%
Recommandation par un proche ou par les médias	4%
Packaging	1%

Cette enquête convainc donc l'entreprise de mener les actions suivantes :

- Revoir le parfum des produits pour leur donner une touche plus naturelle : un parfumeur est recruté pour définir les fragrances les plus adéquates, et des groupes de clients testeurs sont mis en place de façon à évaluer les parfums. Les parfums perçus comme les plus chimiques sont ainsi évacués, au profit de senteurs perçues comme plus naturelles.
- Employer plus de produits bio, quitte à augmenter le prix des produits. Les produits de la marque sont déjà en partie constitués d'ingrédients bio, mais en pourcentage insuffisant pour obtenir une certification type Ecocert. L'objectif est donc d'atteindre un pourcentage d'ingrédients bio suffisant pour obtenir la certification.
- Ajouter sur l'étiquette les mentions « hypoallergénique » et « bio ».

Les produits de la marque ne contiennent effectivement pas de composants catégorisés comme allergènes.

- Axer la campagne publicitaire sur la dimension bio.

Le service marketing propose donc une campagne de publicité en ligne mettant en avant le respect de l'environnement et de la santé des clients.

Un an après la mise en œuvre de ces actions, l'entreprise Beta constate que sa part de marché est passée de 3 à 5%.

Outil 13 Combiner différentes sources

> “
> *Bien informés, les hommes sont des citoyens ; mal informés ils deviennent des sujets.*
>
> Alfred Sauvy

En quelques mots

Il n'est pas rare que des données qui vous intéressent pour votre étude se trouvent dans plusieurs bases différentes. Si les individus sont caractérisés au moyen d'un **identifiant commun aux deux bases** (adresse mail, numéro de téléphone, matricule salarié, matricule produit, etc.), il est alors possible d'**apparier** les différentes bases entre elles. Cette opération doit cependant être effectuée en respectant les règles de confidentialité des données.

LES COMMANDES D'APPARIEMENT SELON LES LOGICIELS

Logiciel	Commandes possibles
Excel	RECHERCHEV()
R	merge()
SAS	MERGE (dans une étape data)
SPSS	Données > Fusionner des fichiers
Stata	merge

POURQUOI L'UTILISER ?

Objectif

Apparier plusieurs bases de données.

Contexte

Il est fortement déconseillé de simplement « copier-coller » deux bases l'une à côté de l'autre. En effet, les individus peuvent être rangés dans un ordre différent, ou ne pas être exactement les mêmes entre les deux bases, ce qui peut conduire à des erreurs.
Il est donc nécessaire de mobiliser une commande d'appariement, qui va s'assurer de la correspondance des identifiants entre les différentes bases de données.
Dans tous les cas, il faut que les individus soient identifiables au moyen d'une variable commune.

COMMENT L'UTILISER ?

Étapes

1. **Vérifier que les individus sont bien identifiés** au moyen d'un identifiant unique commun entre les bases, par exemple : matricule salarié; matricule produit; adresse mail; numéro de téléphone.
2. **Procéder à l'appariement** en mobilisant les commandes ci-contre.
3. À la fin de la procédure, **vérifier que cela a bien fonctionné**, par exemple en comparant les caractéristiques de deux ou trois individus au hasard dans la base appariée avec les caractéristiques dans les bases initiales.

Méthodologie et conseils

L'appariement est plus ou moins facile à réaliser selon les logiciels. Par exemple, sous Excel, il reste relativement laborieux d'utiliser la fonction « RECHERCHEV », la procédure d'appariement étant plus rapide avec d'autres logiciels, comme R par exemple. Sous SAS, il ne faut pas oublier de trier au préalable les deux bases de données sur la variable d'appariement.
Le cas échéant, il est possible de réaliser un appariement avec un logiciel où cette procédure est simple, puis d'exporter la base de données ainsi obtenue de façon à pouvoir l'analyser dans un autre logiciel.
Attention cependant aux potentielles difficultés d'import de données dans un autre logiciel. Par exemple, il peut être parfois difficile d'importer des bases de données Excel (format .xls ou .xlsx) très volumineuses dans R.
Dans certains cas, les individus contenus dans une de vos bases de données ne sont pas exactement les mêmes que ceux contenus dans l'autre base.
Imaginons par exemple que vous avez une base sur les salariés de votre entreprise, et que vous souhaitez la compléter avec des informations sur les formations suivies, informations que vous n'avez que pour les salariés ayant suivi une formation.
Dans ce cas, il faut bien veiller à considérer la base sur les salariés comme votre première base, que vous complétez avec une seconde base (sur les formations), et pas l'inverse.

Avant de vous lancer...

- ✓ **Vérifiez que les individus sont caractérisés par un identifiant unique commun aux différentes bases. Sans cela, l'appariement n'est pas possible.**
- ✓ **Vérifiez en amont que les individus présents dans les différentes bases de données sont bien les mêmes (il peut y avoir quelques exceptions qui donneront lieu à des non-réponses).**
- ✓ **À la fin de la procédure, vérifiez que l'appariement a bien fonctionné en comparant la base finale obtenue avec les différentes bases appariées.**

3 DOSSIER

TRANSFORMER LES DONNÉES EN INDICATEURS

“

Mesurer, c’est associer un nombre à un phénomène, au moyen d’un instrument qui saisit de l’information et l’interprète.

Michel Séruzier

Une première façon de donner du sens à des informations contenues dans une base de données consiste à les transformer en indicateurs, qui fournissent une information précise à partir d'une masse de données.
Pour cela, il est tout d'abord nécessaire de bien identifier les différents types de variables, qui conditionnent les indicateurs pouvant être construits.
Ensuite, il faut savoir que différents types d'indicateurs peuvent être produits : situation, effet, impact, efficacité, efficience... Quels que soient les indicateurs choisis, il est impératif de les définir très précisément (mode et périmètre de calcul notamment).
Une seconde étape consiste à insérer les indicateurs dans un tableau de bord visant à leur donner du sens et à favoriser une prise de décision éclairée.

La construction des indicateurs

Construire un indicateur nécessite tout d'abord de bien maîtriser les différents types de variables, les calculs possibles à partir de celles-ci et les manières dont on peut les transformer en informations plus succinctes.
Cela nécessite aussi de bien définir l'objectif de l'indicateur : s'agit-il de mesurer un état à l'instant *t* ? une évolution ? un effet ?
Par ailleurs, une fois l'indicateur défini, il convient de stabiliser et de formaliser très précisément son mode et son périmètre de calcul (population considérée, source des données, formule de calcul), ainsi que sa fréquence d'actualisation.

L'utilisation des indicateurs

Une fois les indicateurs construits, il est possible de les mobiliser pour le contrôle ou la prise de décision, entre autres.
Pour cela, la démarche généralement mobilisée consiste à les intégrer dans un tableau de bord permettant de suivre plusieurs indicateurs à la fois et de les englober dans un ensemble cohérent.
La construction du tableau de bord nécessite une réflexion sur les objectifs poursuivis et l'utilisation qui en sera faite.
Enfin, il faut toujours garder à l'esprit que le choix du mode de calcul d'un indicateur est tout sauf anodin : il a un effet immédiat et important sur les résultats obtenus.

Les outils

Outil 14 Les différents types de variables

“ La distinction entre variables quantitatives et qualitatives est essentielle.

En quelques mots

Les possibilités de transformation d'une variable en indicateur, ou d'un croisement de variables en indicateurs, dépendent du type de variable.
Il existe plusieurs façons de caractériser une variable. La caractérisation la plus basique différencie les **variables qualitatives** (ou catégorielles) des **variables quantitatives** (ou continues).
Il est nécessaire de bien maîtriser cette distinction afin de savoir quels indicateurs peuvent être produits à partir des données existantes.

QUELS INDICATEURS POUR QUELLES VARIABLES ?

Type de variable	Type d'indicateur	Exemple
1 variable		
Qualitative : variable discrète, nominale ou non ordonnée	Fréquence	Variable : genre Indicateurs : % de femmes et % d'hommes
Quantitative : variable numérique ordonnée	Moyenne, médiane, quantiles, écart-type	Variable : salaire Indicateurs : moyenne, médiane, quantiles, écart-type des salaires
2 variables		
Qualitative x qualitative	Fréquence	Variables : genre et statut Indicateurs : % de femmes cadres et non-cadres, % d'hommes cadres et non-cadres
Quantitative x quantitative	Coefficient de corrélation	Variables : salaire et âge Indicateurs : coefficient de corrélation entre le salaire et l'âge
Qualitative x quantitative	Moyenne, médiane, quantiles, écart-type par catégorie, écart entre les catégories	Variables : genre et salaire Indicateurs : moyenne, médiane, quantiles, écart-type des salaires par genre, écart salarial femmes-hommes

POURQUOI L'UTILISER ?

Objectifs

- Identifier les différents types de variables existants.
- Comprendre en quoi le type de variable conditionne le type d'indicateur.

Contexte

Il existe deux grands types de variables : les variables qualitatives et les variables quantitatives.
Les variables quantitatives sont des variables numériques (renseignées par des chiffres), pour lesquelles les relations d'ordre et de proportionnalité ont un sens. Ainsi, le salaire est une variable quantitative (renseignée par des chiffres, et avec des relations d'ordre et de proportionnalité). En revanche, le numéro de téléphone n'est pas une variable quantitative (renseignée par des chiffres, mais sans relations d'ordre et de proportionnalité).
Les variables qualitatives sont soit des variables nominales (renseignées par des lettres), soit des variables numériques mais sans relations d'ordre et de proportionnalité. Ainsi, le genre est une variable qualitative, qu'il soit renseigné par des chiffres (1 = femme, 2 = homme, par exemple), ou par des lettres (F, H).
Les possibilités de construction d'indicateurs dépendent des types de variables. Il est bien sûr possible par ailleurs de croiser des variables, ce qui encore une fois conditionne les indicateurs possibles. Le dossier 4 revient de façon plus approfondie sur les croisements de variables.

COMMENT L'UTILISER ?

Étapes

1. **Identifier** les types de variables.
2. **Commencer par construire des indicateurs** univariés (relatifs à une seule variable).
3. Puis **construire des indicateurs** bivariés (relatifs à deux variables).

Méthodologie et conseils

À quelques exceptions près, il n'est pas possible de transformer une variable qualitative en variable quantitative.
En revanche, il est possible de transformer une variable quantitative en variable qualitative, en la divisant en tranches notamment.
Ainsi, une variable quantitative telle que le salaire peut être transformée en variable qualitative en définissant des tranches de salaire (inférieur à *x* euros; compris entre *x* et *y* euros; etc.).
De ce fait, si pour une raison quelconque il est préférable d'avoir des indicateurs sous forme de fréquences plutôt que sous forme de moyenne et médiane par exemple, il est possible de privilégier l'usage des tranches plutôt que la variable brute.
En revanche, cette transformation conduit forcément à une perte d'information, la variable brute « salaire » étant plus précise que la variable transformée « tranche de salaire ».

Suite outil 14 →

Avant de vous lancer...

✓ **Maîtriser la distinction entre variables qualitatives et variables quantitatives est essentiel pour construire des indicateurs, mais aussi pour mener des analyses de données en général.**

✓ **Il est par ailleurs conseillé de bien maîtriser la production d'indicateurs univariés avant de passer aux indicateurs bivariés.**

Les différents types de variables

COMMENT ÊTRE PLUS EFFICACE ?

Formuler des questions et définir le type de variable

Si vous utilisez un questionnaire, la formulation des questions influera sur le type de variable que vous obtiendrez.

Ainsi, sur l'âge, vous pouvez formuler la question de différentes manières.

Une première option consiste à demander à la personne d'indiquer son âge en chiffres (nombre d'années). Dans ce cas, vous obtiendrez une variable quantitative. Une seconde option consiste à demander à la personne d'indiquer sa tranche d'âge parmi un ensemble de tranches (par exemple : 18-30 ; 31-40 ; 41-50 ; 51-60 ; plus de 60). Dans ce cas, vous obtiendrez une variable qualitative. L'information de l'âge en nombre d'années est plus précise que l'information en tranche d'âge. Cependant, il peut y avoir plus d'erreurs de réponse (âges aberrants par exemple). Par ailleurs, les répondants peuvent estimer que cette demande est trop précise, et nuit à la garantie d'anonymat, et donc ne pas souhaiter répondre à la question de l'âge exprimé en nombre d'années, alors qu'ils répondraient à la question formulée en tranches d'âge.

Transformer une variable quantitative en variable qualitative

Transformer une variable quantitative en variable qualitative est une opération très courante. Cependant, elle suppose d'effectuer des choix sur les tranches.

Une première option consiste à utiliser les quartiles, pour définir quatre tranches. Cela garantit d'avoir une répartition équilibrée de la population dans chaque tranche. En revanche, ces tranches peuvent être difficiles à interpréter. Ainsi, pour l'âge, une répartition selon les tranches suivantes : 18-29 ; 30-37 ; 38-52 ; supérieur à 52 a peu de sens et sera difficile à interpréter.

Une seconde option consiste à privilégier l'interprétation, et à définir les tranches en fonction de ce qui pourra en être dit. Ainsi, si certaines mesures concernent uniquement les individus ayant 26 ans ou moins, et d'autres uniquement les individus ayant au moins 50 ans, il peut être pertinent d'en tenir compte, en définissant une première tranche avec un âge inférieur ou égal à 26 ans, et une dernière tranche avec un âge supérieur ou égal à 50 ans.

Cependant, cette approche risque d'aboutir à une distribution très inégale de la population dans les tranches (des tranches avec très peu d'individus, d'autres avec de très nombreux individus).

Le croisement de variables

Le type de variable conditionne aussi les croisements. Ainsi, croiser deux variables qualitatives permet d'aboutir à des indicateurs sur des fréquences croisées. Croiser deux variables quantitatives permet d'aboutir à des indicateurs sur des corrélations entre indicateurs.

Enfin, croiser une variable qualitative et une variable quantitative permet de comparer des moyennes, médianes, quantiles, en fonction des modalités de la variable qualitative.

Le dossier 4 revient très largement sur ces croisements.

Exercices

Les types de variables

Exercice 1 : identifier les types de variables

> **Sur la Base 1 (disponible dans les ressources numériques en ligne), définir les types de chaque variable (colonnes du tableau).**

Exercice 2 : Transformer des variables quantitatives en variables qualitatives

> **Sur la Base 1, transformer les variables d'âge et de salaire fixes en variables qualitatives (en tranches d'âge et de salaire). Utilisez les deux méthodes (quartiles et possibilités d'interprétation).**

- Astuce 1 : il est fortement conseillé de conserver les variables brutes dans un fichier que vous ne modifierez pas. Il vaut donc mieux sauvegarder votre base de travail sous un autre nom. Par ailleurs, il vaut mieux ajouter deux colonnes dans votre base de travail avec ces deux nouvelles variables qualitatives, que de remplacer les colonnes contenant l'âge et le salaire par l'âge en tranche et le salaire en tranche.
- Astuce 2 : sous Excel, la création d'une variable en tranches peut passer par des formules « SI ».

> **Réponse exercice 1 :**

Type de contrat de travail	Qualitative
Genre	Qualitative
Manager (OUI/NON)	Qualitative
Niveau hiérarchique	Qualitative (même si le niveau est exprimé en chiffres et que ces chiffres sont ordonnés, il n'y a pas de relation de proportionnalité : calculer par exemple une moyenne sur cette variable n'aurait pas de sens)
Taux de temps de travail	Quantitative
Âge	Quantitative
Ancienneté	Quantitative
Part variable managériale	Quantitative
Part variable commerciale	Quantitative
Salaire fixe ramené à un temps plein	Quantitative
Heures supplémentaires	Quantitative

Outil 15 Les différents types d'indicateurs

> Il faut distinguer différents types d'indicateurs, selon ce qu'ils mesurent et donnent à voir.

En quelques mots

Il existe différents types d'indicateurs. En plus des différences de modes de calcul mentionnées dans l'outil précédent (fréquence, moyenne, coefficient de corrélation, etc.), les indicateurs se distinguent selon qu'ils mesurent une situation, un effet, une évolution, etc.
Cet outil vise à présenter les principaux types d'indicateurs à partir des distinctions les plus importantes :

- **Pilotage** (suivi d'une situation ou d'un phénomène pour prendre des décisions) : **situation** – **évolution.**
- **Performance** (étude d'une performance, de l'atteinte d'un résultat, par exemple) : **efficacité** – **efficience**.

LES DIFFÉRENTS TYPES D'INDICATEURS – EXEMPLE AUTOUR DU CHIFFRE D'AFFAIRES (CA)

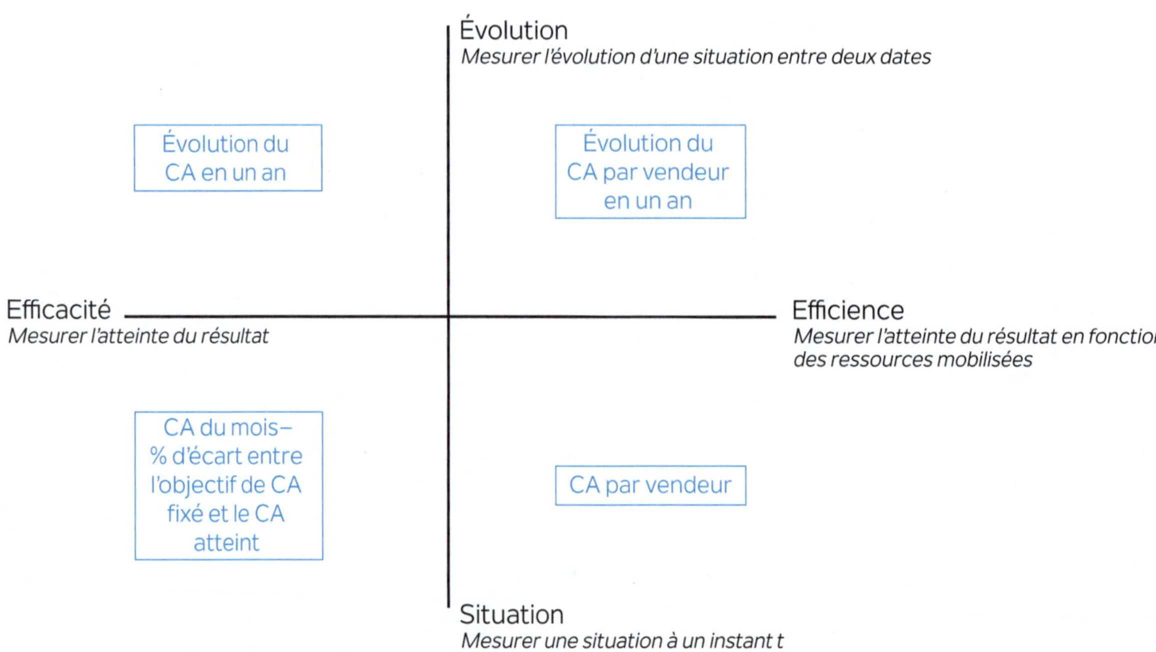

POURQUOI L'UTILISER ?

Objectif

Identifier les principaux types d'indicateurs existants, de pilotage ou de performance.

Contexte

Il est essentiel de bien définir vos objectifs et ce qui vous intéresse avant de choisir les indicateurs adéquats.
En effet, il existe une très grande variété d'indicateurs possibles autour d'un même sujet, et il est inutile de suivre ou de mesurer l'ensemble des indicateurs possibles.

COMMENT L'UTILISER ?

Étapes

1. Définir ce qui vous intéresse :
- situation ou évolution : vous intéressez-vous à la situation à un instant *t* ou à la manière dont la situation évolue, suite par exemple à la mise en place d'actions correctrices ?
- efficacité ou efficience : vous intéressez-vous à l'atteinte d'un objectif, ou à cette atteinte au plus faible coût ?

2. Construire les indicateurs en veillant à ce qu'ils répondent à vos objectifs. Par exemple, si vous vous intéressez à l'évolution de la performance commerciale de votre magasin, vous pouvez considérer le pourcentage d'évolution du chiffre d'affaires.

3. Prêter une attention particulière à la définition des indicateurs (voir outil 16).

Méthodologie et conseils

Les indicateurs de pilotage peuvent être classés selon qu'ils portent sur une situation à un instant *t* ou sur l'évolution d'une situation.
Ainsi, le chiffre d'affaires du mois, ou le taux d'absentéisme moyen sur un an, renvoient à des situations à un instant *t*.
Cependant, dans certains cas, on souhaite étudier l'évolution d'une situation. Par exemple, si vous avez mis en place des actions visant à augmenter le chiffre d'affaires de votre magasin, vous vous intéresserez plus à l'évolution de ce chiffre qu'à sa valeur absolue.
Les indicateurs d'évolution sont généralement plus complexes à calculer : faut-il raisonner en valeurs brutes (augmentation du CA de *x* k€ par exemple) ou en valeurs relatives (augmentation du CA de *x*% par exemple) ? Si les valeurs relatives sont généralement plus adaptées, les valeurs brutes peuvent avoir leur intérêt.
Les indicateurs de performance peuvent être classés selon qu'ils visent à mesurer l'efficacité (atteinte d'un objectif quels que soient les moyens employés) ou l'efficience (atteinte d'un objectif au plus faible coût).
Si les indicateurs d'efficacité sont généralement faciles à définir, les indicateurs d'efficience nécessitent une certaine réflexion : qu'entend-on par coût ? Ainsi, dans l'exemple donné ci-contre (CA par vendeur), le coût est lié au nombre de vendeurs.
Mais il serait tout à fait possible de définir le coût par la surface du magasin ou le coût du loyer mensuel, par l'amplitude des horaires d'ouverture, etc.

Avant de vous lancer...

✓ **Définissez bien vos objectifs et ce qui vous intéresse.**

✓ **N'hésitez pas à passer un certain temps sur la définition des indicateurs, notamment quand il s'agit d'indicateurs d'évolution et d'efficience, qui sont souvent plus complexes à définir.**

✓ **L'outil suivant (outil 16) doit être utilisé conjointement à celui-ci pour bien définir les indicateurs.**

Outil 16 Définir un indicateur

> “ Donner un sens aux données nécessite de passer des variables (brutes) à des indicateurs synthétiques.

En quelques mots

Il est essentiel de définir très précisément le mode de calcul d'un indicateur. Ce mode de calcul comprend les informations suivantes :

- **Périmètre** : sur quelle population exactement l'indicateur est-il calculé ?
- **Période** : sur quelle période de temps l'indicateur est-il calculé ?
- **Variable, donnée** : à partir de quelle variable et quelle source de données l'indicateur est-il calculé ?
- **Formule** : quelle est la formule exacte de calcul ?

Il est impératif d'inclure l'ensemble de ces informations dans la définition d'un indicateur, sous peine de supprimer toute possibilité de comparaison, d'analyse et de suivi.

LA DÉFINITION D'UN INDICATEUR

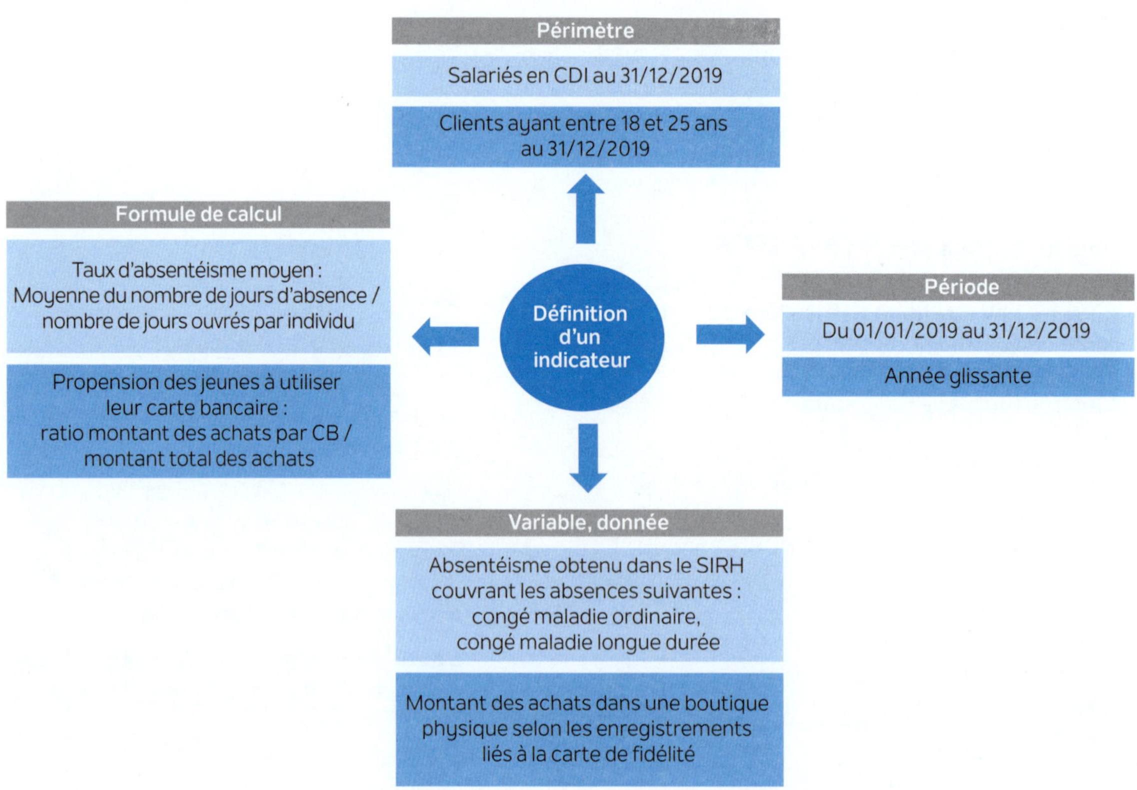

POURQUOI L'UTILISER ?

Objectif

Définir un indicateur en prenant en compte les quatre grands éléments qui doivent impérativement y figurer.

Contexte

Disposer d'une définition précise et stabilisée des indicateurs est essentiel. Cela conditionne la possibilité de comparer des indicateurs entre eux, de mesurer des évolutions, etc.

En effet, les comparaisons et études d'évolution nécessitent que les indicateurs soient toujours calculés de la même façon.

La définition d'un indicateur doit comprendre les éléments suivants :

- périmètre (c'est-à-dire la population sur laquelle l'indicateur est calculé) ;
- période (la période de temps sur laquelle l'indicateur est calculé) ;
- source de données à partir de laquelle l'indicateur est calculé et les variables qui vont être utilisées ;
- formule précise de calcul.

COMMENT L'UTILISER ?

Étapes

1. Pour chaque indicateur, **commencer par définir la population** sur laquelle l'indicateur sera calculé : salariés en CDI à telle date, clients ayant effectué un achat sur tel mois.
2. **Définir ensuite la période de référence** : un indicateur doit être calculé sur une période fixe (du premier au dernier jour du mois) ou glissante (mois glissant).
3. **Définir ensuite les variables** qui permettront de calculer l'indicateur. Il faut indiquer à la fois la source de la donnée (système d'information) et la variable précise (taux d'absentéisme incluant ou pas les congés payés, variable « prix » incluant ou pas la TVA).
4. **Définir enfin la formule de calcul** : taux, moyenne, etc. Certains indicateurs sont composites, au sens où leur formule englobe plusieurs variables ou plusieurs indicateurs.

Par exemple, si vous calculez le taux d'absentéisme comme le nombre de jours moyens d'absence sur le nombre de jours théoriquement travaillés par le salarié, il faut bien définir ce qu'est une « absence » (les congés payés sont-ils inclus ou pas) et ce qu'est un « jour théoriquement travaillé ».

5. **Bien préciser et diffuser ces différents éléments** à chaque fois que vous mobilisez l'indicateur. Cela assure que tout le monde a la même définition. Les personnes amenées à produire les indicateurs doivent toutes avoir la même définition (incluant les 4 éléments ci-dessus), pour rendre possibles les comparaisons.

Méthodologie et conseils

Les différents éléments qui définissent un indicateur structurent fortement les résultats que l'on peut obtenir.

Sur un même sujet, différents types d'indicateurs peuvent être définis, pour des résultats très différents.

L'étape de définition des indicateurs est donc particulièrement clé et ne doit pas être traitée à la légère.

Suite outil 16 →

Avant de vous lancer...

- ✓ Il est essentiel de bien identifier ce que vous voulez faire de l'indicateur avant de le définir.
- ✓ Il est important de bien maîtriser les sources de données et les différentes variables avant de définir l'indicateur.
- ✓ Enfin, prendre conscience de l'impact que le mode de calcul de l'indicateur aura sur le résultat est capital.

Définir un indicateur

COMMENT ÊTRE PLUS EFFICACE ?

La population

Bien définir la population est clé. Ce choix peut avoir un effet important sur les résultats obtenus. Ainsi, dans le cas d'indicateurs portant sur les salariés d'une entreprise, l'inclusion ou non des personnes en CDD, en contrat d'apprentissage, en contrat d'intérim, etc., aura des implications sur le résultat.

Supposons que vous calculiez un taux d'absentéisme. Si l'absentéisme est variable selon le type de contrat, alors inclure ou pas les personnes n'étant pas en CDI pourra avoir un effet important sur le taux d'absentéisme obtenu.

De la même façon, dans le cas d'indicateurs portant sur des consommateurs, l'inclusion ou non des personnes mineures, non titulaires d'une carte bancaire, d'une carte de fidélité, etc., aura aussi des implications importantes, car ces personnes ont sans doute des comportements d'achat différents de la population des majeurs titulaires de cartes bancaires.

La période

La période est clé, notamment dans le cas des indicateurs soumis à une forte saisonnalité : absentéisme des salariés, chiffre d'affaires, par exemple. Le choix des périodes glissantes se justifie notamment si les indicateurs sont fréquemment actualisés. Les périodes fixes permettent une plus grande comparabilité avec d'autres entreprises ou avec des données nationales voire internationales.

Les sources et variables

Comme nous l'avons vu (outil 9), les entreprises disposent d'un grand nombre de données sur leurs salariés, leurs clients, leurs produits, etc. Il est donc essentiel de bien définir la source des informations mobilisées pour calculer les indicateurs, et les variables retenues.

Tout d'abord, la source des informations peut jouer, notamment dans le cas où il y a une incohérence d'information entre différentes sources.

Ensuite, la définition des variables retenues est tout aussi capitale, notamment pour les notions complexes. Ainsi, comment mesure-t-on la fidélité d'un client ? En fonction du montant des achats effectués, de la fréquence de ses venues en boutique, du type d'achats effectués ?

Il est essentiel de pouvoir répondre à ces questions avant de définir le ou les indicateurs permettant de rendre compte de la fidélité des clients.

La formule de calcul

Enfin, la formule de calcul est capitale pour assurer le sens et la fiabilité des indicateurs. La formule aura des impacts importants sur le résultat final obtenu. Ainsi, un taux de recours aux contrats courts mesuré comme le nombre de personnes en contrats courts divisé par le nombre total de personnes travaillant pour l'entreprise à un instant *t* ne donnera pas du tout le même résultat que s'il est mesuré comme la somme des jours travaillés effectués par des personnes en contrats courts divisée par la somme des jours travaillés effectués par l'ensemble des personnes en contrat avec l'entreprise.

Exercices

Mettre au point un indicateur

Exercice 1 : Bien définir la population

> Vous souhaitez suivre les pratiques de consommation des jeunes. Selon vous, sur quelle population vos indicateurs pourraient-ils porter ?

....

....

- Réponses possibles : population jeune : 15-25, 18-25, 18-30, etc. Il faudra dans tous les cas justifier les deux bornes.
- L'autre possibilité est de considérer que pour suivre les pratiques de consommation des jeunes, il faut pouvoir les comparer avec les pratiques de consommation du reste de la population, auquel cas il faudra élargir la population mais en créant deux tranches (jeunes et non-jeunes, schématiquement).

Exercice 2 : Bien définir les variables et données

> Vous souhaitez suivre le taux d'absentéisme de votre entreprise. Identifier :

1. Les sources de données possibles.
2. Les différents types d'absentéisme répertoriés dans le SIRH.

> Selon vous, quels types d'absentéisme serait-il pertinent d'inclure dans votre taux d'absentéisme ?

....

....

- Exemples de questions à se poser : faut-il inclure les congés liés à la parentalité ? Les absences liées à un accident de travail ? Les retards ?

Exercice 3 : Bien définir la formule de calcul

> Vous souhaitez suivre le taux de qualité de vos produits. Identifiez les avantages et inconvénients des deux formules ci-dessous :

1. Nombre de produits considérés conformes / Nombre de produits totaux.
2. Coût de production des produits considérés défectueux / Coût de production de l'ensemble des produits.

....

....

Outil 17 Utiliser les indicateurs

> Le management fondé sur les preuves consiste à prendre des décisions en mobilisant des preuves issues de différentes sources, dont des données.

En quelques mots

Une fois les indicateurs définis, encore faut-il bien les utiliser. Des indicateurs peuvent être mobilisés à plusieurs fins (non mutuellement exhaustives).

- **Description** : l'indicateur est utilisé pour décrire une situation, sans autre objectif particulier.
- **Analyse** : l'indicateur est utilisé pour mieux comprendre une situation.
- **Décision** : l'indicateur est utilisé pour prendre une décision.
- **Engagement** : l'indicateur est utilisé pour définir des objectifs.

UTILISER UN INDICATEUR

Décrire	Analyser	Décider	S'engager
Utiliser les indicateurs comme la masse salariale, le chiffre d'affaires, le taux de féminisation, peuvent être utilisés tout simplement pour décrire une organisation.	Croiser le taux d'absentéisme par métier avec la pénibilité des métiers pour identifier s'il y a un lien entre les différentes variables.	Décider d'une stratégie commerciale en fonction des indicateurs recueillis sur les comportements d'achat dans la zone de chalandise.	Définir des engagements chiffrés à partir des indicateurs et de leur évolution.

POURQUOI L'UTILISER ?

Objectif

Mobiliser les bons indicateurs selon les objectifs poursuivis.

Contexte

Un même indicateur peut être utilisé à différentes fins. L'utilisation d'un indicateur, que ce soit pour décrire, analyser, décider, s'engager, doit tenir compte de la définition précise de l'indicateur (voir outil 16).

Avant d'utiliser un indicateur, il convient de toujours s'assurer de bien en maîtriser la définition.

COMMENT L'UTILISER ?

Étapes

1. **Prêter attention à la définition des indicateurs** utilisés (voir outil 16) avant de les mobiliser, quel que soit l'objectif.
2. Selon l'objectif poursuivi, **ne pas hésiter à croiser les indicateurs**.

Méthodologie et conseils

L'objectif de description d'une situation ou d'une évolution nécessite finalement peu de travail, l'indicateur se suffisant à lui-même.

En revanche, si l'objectif consiste à comprendre ou analyser une situation, il faudra certainement se livrer, au moins à une interprétation de l'indicateur, et sans doute aussi à des croisements d'indicateurs.

Par exemple, si l'indicateur du taux d'absentéisme par métier vous indique qu'il y a de fortes variations d'absentéisme entre métiers, une première hypothèse que vous pouvez explorer est celle de la pénibilité : peut-être l'absentéisme est-il dû à la pénibilité (elle-même inégale selon les métiers) ? Dans ce cas, vous pouvez croiser ce premier indicateur avec celui de la pénibilité par métier, pour identifier les liens entre ces différentes variables.

Un indicateur peut aussi être utilisé pour définir une politique, une stratégie (généralement après analyse et interprétation de l'indicateur).

Enfin, le niveau et les variations d'un indicateur peuvent aider à définir des objectifs et engagements chiffrés. Ainsi, si un indicateur évolue de façon erratique et importante au fil du temps, il sera sans doute hasardeux de s'engager sur un objectif chiffré sur le sujet concerné.

De la même façon, si un indicateur reste extrêmement stable au fil du temps, s'engager sur une progression rapide sera sans doute voué à l'échec.

Ces différentes finalités ne sont pas mutuellement exhaustives : un même indicateur peut être utilisé à la fois pour décrire, analyser, décider et s'engager.

Prenons l'exemple du taux de conversion des clics sur un produit en achats de ce produit sur un site Internet. Cet indicateur peut être utilisé pour décrire l'activité des utilisateurs du site, mais aussi pour comprendre pourquoi certains produits sont moins achetés que d'autres.

Il peut aussi être utilisé pour décider de la refonte du site. Enfin, il peut aussi être utilisé pour se fixer des objectifs chiffrés (objectifs à atteindre dans *x* mois, ou à la suite de la refonte du site, par exemple).

Avant de vous lancer...

- ✓ **Maîtrisez bien la définition des indicateurs.**
- ✓ **Réfléchissez bien à l'analyse et à l'interprétation des indicateurs avant de prendre des décisions, qu'il s'agisse de décider d'une politique ou de s'engager sur des objectifs chiffrés.**

Outil 18 Construire un tableau de bord

> « Un tableau de bord permet d'agréger plusieurs indicateurs de manière à disposer d'une vision plus globale du phénomène étudié.

En quelques mots

Une fois chaque indicateur bien maîtrisé individuellement, il peut être opportun de les ranger dans des tableaux de bord, qui permettront de les intégrer dans une vision plus globale du phénomène étudié. Il existe plusieurs types de tableaux de bord[1] :

- tableau de bord **opérationnel** : portant sur les processus de l'entreprise ;
- tableau de bord des **résultats** : portant sur les résultats de ces processus ;
- tableau de bord **stratégique** : portant sur les dimensions les plus stratégiques ;
- tableau de bord **comptable** : portant sur les dimensions financières.

EXEMPLE DE TABLEAU DE BORD

Objectif global	Engagement chiffré	Réalisé	Atteinte de l'objectif
Devenir une organisation éco-responsable	Nombre moyen de pages imprimées par salarié par mois : max. 100	150	Non
	Nombre moyen de km parcourus par salarié par mois (voiture de fonction) : max. 1 000	2000	Non
	Nombre moyen de km parcours par salarié par mois (avion, trajet professionnel) : max. 1 000	950	Oui
	Pourcentage de salariés formés au tri sélectif : min. 90	82	Non

1. Voir notamment Le Louarn J.-Y., *Les tableaux de bord : ressources humaines : le pilotage de la fonction RH*, Liaisons, Rueil-Malmaison, 2008.

POURQUOI L'UTILISER ?

Objectif

S'approprier le tableau de bord, comprendre comment il est construit et ce que signifie chaque indicateur, de façon à en faire un véritable outil de suivi, d'analyse et de prise de décision.

Contexte

Il existe plusieurs types de tableaux de bord :

- Les tableaux opérationnels portent sur les processus de l'entreprise. Par exemple, sur le processus d'approvisionnement, ils peuvent comprendre des indicateurs sur les délais d'approvisionnement, les ruptures de stock, les produits gâchés (date de péremption dépassée par exemple), etc.
- Les tableaux des résultats portent sur les résultats de ces processus : nombre de clients non satisfaits pour cause de rupture de stock, nombre de ventes sur Internet perdues à cause d'un délai de livraison trop important, etc.
- Les tableaux stratégiques portent sur les dimensions les plus stratégiques d'une activité ou globalement de l'entreprise : compétences clés, produits phares, etc.
- Enfin, les tableaux financiers portent sur les dimensions comptables (coûts, recettes).

Au-delà de cette distinction, les tableaux de bord peuvent être utilisés pour poursuivre différents objectifs. Ils peuvent aussi contenir des graphiques, des zones de commentaires.

COMMENT L'UTILISER ?

Étapes

1. Définir l'objectif global du tableau de bord :
- Suivre l'implémentation d'une politique ?
- Suivre l'évolution d'une situation ?
- Piloter une activité ?

2. En déduire le type de tableau de bord adéquat : opérationnel, de résultats, stratégique, financier.

3. Définir les indicateurs pertinents en fonction de l'objectif et du type de tableau (voir outil 16 pour la définition).

Ainsi, un tableau de bord financier contiendra essentiellement des indicateurs comptables (chiffre d'affaires, investissements réalisés, etc.), alors qu'un tableau de bord opérationnel contiendra de préférence des indicateurs liés à l'efficacité des processus : nombre de ruptures de stock, etc.

4. Définir la fréquence d'actualisation et les modalités d'utilisation du tableau de bord : qui y a accès ? Sous quelle forme ? etc.

Méthodologie et conseils

Certains indicateurs sont soumis à une forte inertie (ex. : taux de féminisation d'une très grande entreprise).

Dans ces cas-là, il est inutile de définir une fréquence d'actualisation du tableau de bord trop élevée, car les indicateurs resteront très stables entre deux actualisations.

D'autres indicateurs évoluent de façon erratique, sans lien apparent avec les actions que vous pouvez mener : ces indicateurs ne font pas de bons candidats pour un tableau de bord, car, si vous ne pouvez pas interpréter leur évolution, leur suivi risque de ne rien vous apporter.

Avant de vous lancer...

✓ **Définissez bien en amont l'usage que vous ferez du tableau de bord.**

✓ **Si vous avez plusieurs objectifs, il ne faut pas hésiter à construire plusieurs tableaux de bord : il vaut mieux avoir plusieurs tableaux de bord cohérents plutôt qu'un unique tableau qui vise des objectifs différents et que vous aurez du mal à vous approprier.**

DOSSIER 4

ANALYSER LES DONNÉES EN BIVARIÉ

“

[L’ambition du statisticien est] d’étudier les relations, les dépendances ou les corrélations entre variables.

Olivier Martin

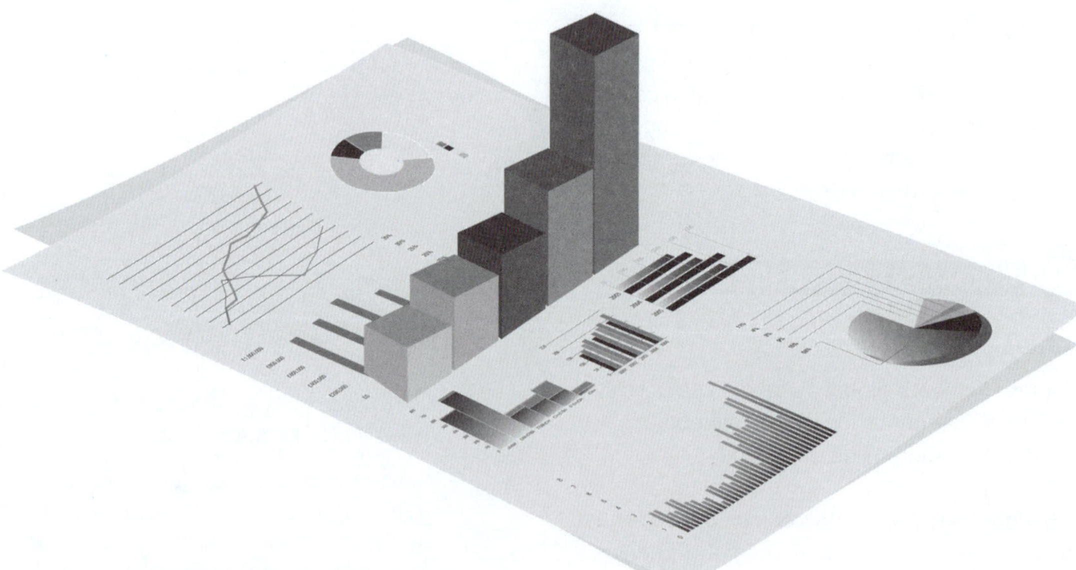

Généralement, se contenter de dresser un panorama d'une situation en mobilisant les variables une par une (indicateurs univariés) ne suffit pas.
Il est souvent pertinent, dans une seconde étape, de croiser les variables les unes avec les autres.

Pourquoi croiser deux variables?

Le croisement de variables permet d'analyser les relations entre elles : relations de dépendance, de causalité, de concomitance...
Les relations entre variables expliquent un grand nombre de phénomènes, et bien les analyser permet d'éviter les erreurs d'interprétation.
Par exemple, connaître le NPS (*Net Promoter Score*, indicateur de fidélité client) d'une marque est intéressant, mais il est plus précis de le décliner par tranche d'âge ou par le genre des clients.
Cette déclinaison aidera notamment à définir des campagnes plus ciblées vis-à-vis de certaines catégories qui ont un NPS plus faible, par exemple.

La construction d'indicateurs bivariés a été rapidement évoquée dans les outils du dossier 3, mais ce dossier 4 revient de façon plus approfondie sur les différentes possibilités de croisement.

Les mesures de relation

Analyser les relations entre variables suppose deux étapes.
Une première étape consiste à identifier de quelle nature est cette relation : les deux variables vont-elles dans le même sens? Dans un sens contraire?
Cette première étape peut être obtenue par des tableaux ou des représentations graphiques.
La seconde étape consiste à mesurer la force de la relation.
Cette seconde étape nécessite de mobiliser des tests statistiques.

Les outils

Outil 19 Deux variables quantitatives : les nuages de points

« Le graphique généralement le plus adapté pour représenter la relation entre deux variables quantitatives est le nuage de points. »

En quelques mots

La relation entre deux variables quantitatives peut être interprétée et analysée au moyen de plusieurs outils, et notamment les **nuages de points**.

Il s'agit d'un outil très visuel, mais qui est parfois difficile à interpréter, et peut devenir facilement illisible selon la distribution des points.

NUAGES DE POINTS

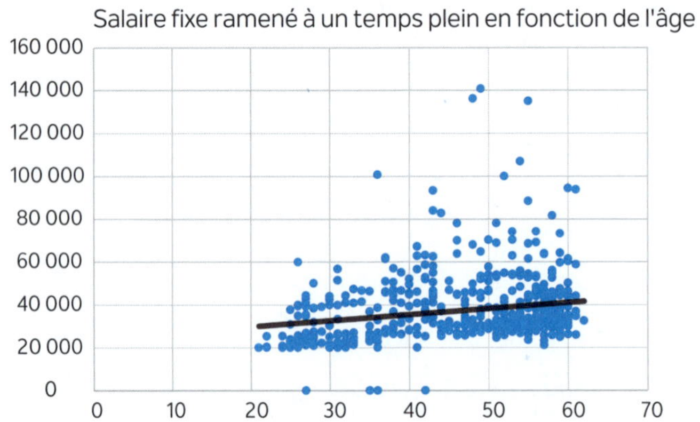

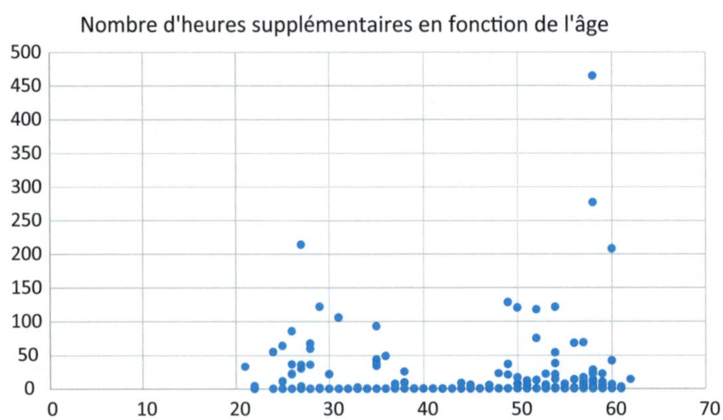

POURQUOI L'UTILISER ?

Objectifs

- Produire un nuage de points.
- Identifier visuellement le lien entre deux variables quantitatives à l'aide des nuages de points.

Contexte

Il est courant de vouloir croiser deux variables quantitatives : âge et salaire, âge et dépenses de santé, âge et nombre d'heures de sport effectuées par semaine, salaire et dépenses alimentaires mensuelles, salaire et nombre de jours d'absence, etc.
Ce croisement peut tout d'abord donner lieu à une représentation visuelle, qualifiée de « nuage de points ».

COMMENT L'UTILISER ?

Étapes

1. **Vérifier que les deux variables** à croiser sont bien quantitatives (voir outil 14).
2. **Construire le nuage de points** en mettant en abscisses la variable qui pourrait influer sur l'autre (ex. : l'âge influe sur le salaire, pas l'inverse), ce qui facilite l'interprétation.
3. **Interpréter le nuage de points** : allure générale du nuage (dispersion des points, tendance de positionnement des points).

Par exemple, le graphique du bas ci-contre a une faible dispersion verticale et il est difficile de dégager une tendance indiquant un lien entre les deux variables.

Méthodologie et conseils

Le graphique du haut croise le salaire (en ordonnées) avec l'âge (en abscisses) dans une entreprise fictive. Il s'agit donc bien de deux variables quantitatives : elles sont numériques, ordonnées et continues.
Le nuage permet de voir un lien entre le salaire et l'âge, matérialisé par la droite grise.
Il existe une relation positive entre le salaire et l'âge : en moyenne, le salaire augmente avec l'âge.
Le graphique du bas croise le nombre d'heures supplémentaires (en ordonnées) avec l'âge (en abscisses) dans la même entreprise. Le nombre d'heures supplémentaires est bien une variable quantitative, car numérique, ordonnée et continue.
Le nuage ne permet pas de voir de lien évident entre le nombre d'heures supplémentaires et l'âge. Mais l'interprétation est rendue difficile par le fait que de nombreux salariés de cette entreprise n'effectuent aucune heure supplémentaire (points en bas du graphique).
Ainsi, certains nuages de points sont difficiles à interpréter du fait de la distribution d'une des deux variables.
Il ne faut pas surinterpréter le nuage de points : la relation qu'il peut montrer est une relation de corrélation, pas de causalité. Ainsi, deux variables liées à une troisième paraîtront être liées entre elles même si cette relation n'a pas de sens concret.
Le site « Spurious correlations » (tylergiven.com/spurious-correlations) donne des exemples de ce phénomène.

Avant de vous lancer...

- ✓ Bien identifier les variables quantitatives que vous souhaitez croiser.
- ✓ Bien maîtriser la lecture des nuages de points.
- ✓ Ne pas surinterpréter les relations que le nuage de points donne à voir : la relation entre deux variables peut en fait être liée à d'autres variables non présentées sur le graphique.

Outil 20 Le coefficient de corrélation

“ Le coefficient de corrélation indique la force et le sens de la relation entre deux variables quantitatives.

En quelques mots

Le **coefficient de corrélation** peut compléter utilement un nuage de points en indiquant la force de la relation entre deux variables quantitatives. Il est **compris entre -1 et 1**. Son **signe** indique le sens de la relation et sa **valeur** la force de la relation.

LE COEFFICIENT DE CORRÉLATION

Coefficient de corrélation	Force de la relation	Sens de la relation
Inférieur à - 0,6	Forte	Négative
Compris entre - 0,6 et - 0,3	Moyennement forte	Négative
Compris entre - 0,3 et 0	Faible	Négative
Compris entre 0 et 0,3	Faible	Positive
Compris entre 0,3 et 0,6	Moyennement forte	Positive
Supérieur à 0,6	Forte	Positive

POURQUOI L'UTILISER ?

Objectif

Utiliser le coefficient de corrélation pour estimer la force et le sens (relation positive ou négative) de la relation entre deux variables quantitatives.

Contexte

La relation entre deux variables quantitatives peut être tout d'abord caractérisée par sa force : s'agit-il d'une relation significative?

La valeur absolue du coefficient de corrélation indique cette force.

- Inférieure à 0,3 (donc coefficient compris entre - 0,3 et 0,3), elle indique une relation faible.
- Comprise entre 0,3 et 0,6 (donc coefficient compris entre - 0,6 et - 0,3 ou 0,3 et 0,6), elle indique une relation moyennement forte.
- Enfin, supérieure à 0,6 (donc coefficient inférieur à - 0,6 ou supérieur à 0,6), elle indique une relation forte.

La relation peut aussi être caractérisée par son sens :

- Une relation positive indique que les deux variables évoluent dans le même sens : quand l'une augmente, l'autre augmente aussi.
- Une relation négative indique que les deux variables évoluent en sens contraire : quand l'une augmente, l'autre diminue, et *vice versa*.

Le signe du coefficient de corrélation indique le sens de la relation :

- Un signe négatif indique une relation négative.
- Un signe positif indique une relation positive.

COMMENT L'UTILISER ?

Étapes

1. **Vérifier que les deux variables à croiser** sont bien quantitatives.
2. **Calculer le coefficient de corrélation** (=coefficient.correlation() sous Excel).
3. **Interpréter la force de la relation** à partir de la valeur absolue du coefficient.
4. **Interpréter le sens de la relation** à partir du signe du coefficient.

Méthodologie et conseils

Un coefficient de corrélation faible (- 0,3 à 0,3) n'est pas à rejeter comme inutile ou inintéressant. Il indique que les deux variables sont faiblement reliées entre elles, ce qui peut constituer un résultat très intéressant en soi! Il est par ailleurs possible de compléter le calcul du coefficient de corrélation par un test statistique (test de corrélation) visant à mesurer la signification de la relation entre les deux variables quantitatives.

Par ailleurs, comme pour l'outil précédent, il faut faire attention à ne pas surinterpréter ce coefficient : corrélation n'est pas causalité !

Les différents logiciels de statistiques permettent d'obtenir facilement le coefficient de corrélation dès lors que l'on croise deux variables quantitatives.

- Excel : =coefficient.correlation(variable 1 ; variable 2)
- R avec Rcmdr : Statistiques > Résumés > Test de corrélation
- SAS : proc corr
- Stata : correlate variable1 variable2 (ou Statistics > Summaries > Summary and descriptive statistics > Correlation and covariances)
- SPSS : Analyse > Corrélation

Suite outil 20 →

Avant de vous lancer...

✓ Identifiez bien les variables quantitatives que vous souhaitez croiser.

✓ Maîtrisez bien l'interprétation de la valeur absolue et du signe du coefficient.

✓ Attention à ne pas surinterpréter le coefficient de corrélation.

Le coefficient de corrélation

COMMENT ÊTRE PLUS EFFICACE ?

Le choix des variables à croiser

Le premier critère pour calculer un coefficient de corrélation consiste à croiser deux variables quantitatives. Il n'est pas possible de calculer un coefficient de corrélation sur d'autres combinaisons de variables (quantitative × qualitative ou qualitative × qualitative).

Le second critère est celui du sens : il faut privilégier les croisements de variables qui peuvent être interprétés et font sens. Il est par exemple inutile, et même dangereux, de calculer un coefficient de corrélation entre deux variables qui ne peuvent avoir aucun lien direct entre elles, comme les ventes de lunettes de soleil et les coups de soleil.

En effet, cela pourrait conduire à penser qu'il y a un lien direct entre les deux, alors qu'en fait ce lien s'explique par une troisième variable, qui est l'exposition des individus au soleil. Ce type d'erreur semble évident et facile à éviter sur cet exemple simple, mais dans la réalité il est parfois tentant de se laisser aller à des interprétations trop rapides. Le site « Spurious Correlations » donne des exemples de ce phénomène[1].

L'identification de variables tierces

En effet, ces deux variables sont en fait reliées à une variable tierce, l'ensoleillement. Quand l'ensoleillement croît, les ventes de lunettes de soleil croissent aussi (relation positive), ainsi que les coups de soleil (relation également positive). Par transitivité, cela donne une relation positive entre ventes de lunettes de soleil et coups de soleil, mais les deux phénomènes ne sont pas directement reliés entre eux : acheter des lunettes de soleil n'accroît pas le nombre de coups de soleil !

Il faut donc faire attention à ce phénomène de tierce variable et privilégier les relations directes entre variables.

Les corrélations redondantes

Par ailleurs, certaines corrélations peuvent être redondantes.

Ainsi, l'âge et l'ancienneté sont en général fortement corrélés. Il n'est alors pas forcément utile de calculer à la fois la corrélation entre âge et salaire, et la corrélation entre ancienneté et salaire.

Ces deux corrélations risquent d'être redondantes, c'est-à-dire de donner une information similaire.

Nuage de points ou coefficient de corrélation ?

Le nuage de points et le coefficient de corrélation se fondent sur les mêmes croisements de données mais n'ont pas exactement la même utilité.

Le nuage de points est plus visuel et permet d'identifier des éventuels problèmes d'interprétation liés à la distribution des points (par exemple, le fait que de nombreux salariés n'effectuent aucune heure supplémentaire, comme l'indique le graphique du bas de l'outil 19), ce que le coefficient de corrélation ne permet pas.

En revanche, le coefficient de corrélation condense un ensemble conséquent d'informations en un seul indicateur, qui donne à la fois la force et le sens de la relation.

Il est donc plus rapide à interpréter.

Vous pouvez aussi utiliser les deux pour votre analyse mais n'en présenter qu'un des deux lors de la restitution de vos résultats.

1. *www.tylervigen.com/spurious-correlations*

Exercices

Nuages de points et coefficients de corrélation

Exercice 1 : créer des nuages de points et calculer des coefficients de corrélation

> Sur la Base 1 (disponible dans les ressources numériques en ligne), créer les nuages de points et calculer les coefficients de corrélation entre :

1. Âge et ancienneté.
2. Âge et part variable managériale.
3. Âge et salaire.
4. Âge et nombre d'heures supplémentaires.
5. Ancienneté et part variable managériale.
6. Ancienneté et salaire.
7. Ancienneté et nombre d'heures supplémentaires.

Astuce : sous Excel, le nuage de points se construit avec la fonction Insertion > Graphique nuage de points; le coefficient de corrélation se mesure avec la formule =coefficient.correlation().

Exercice 2 : Interpréter les nuages de points et les coefficients de corrélation

> Pour chaque relation, identifier à partir du nuage ou du coefficient de corrélation :

1. la force de la relation;
2. le sens de la relation.

> Comment interprétez-vous ces relations?

....

....

> Réponse à l'exercice 1 pour les coefficients de corrélation :

Variables croisées	Coefficient de corrélation
Age x Ancienneté	0,855
Age x Part variable managériale	0,066
Age x Salaire	0,183
Age x Nombre d'heures supplémentaires	-0,033
Ancienneté x Part variable managériale	-0,017
Ancienneté x Salaire	-0,036
Ancienneté x Nombre d'heures supplémentaires	0,008

Outil 21 Deux variables qualitatives : tableaux et graphiques

> Les tableaux de fréquences et les histogrammes permettent de représenter et d'interpréter la relation entre deux variables qualitatives.

En quelques mots

La relation entre deux variables qualitatives peut être interprétée et analysée au moyen de plusieurs outils, et notamment les **tableaux de fréquences (tris croisés)** et les **histogrammes empilés**. Les histogrammes sont des outils visuels qui permettent de synthétiser plusieurs chiffres en un seul graphique.

TABLEAUX DE FRÉQUENCES ET HISTOGRAMMES

	Retour produit		
Rayon	non	oui	Total général
bricolage	8	9	**17**
décoration	5	5	**10**
esthétique	10	6	**16**
jardin	4	6	**10**
meubles	8	8	**16**
sport	5	9	**14**
téléphonie	7		**7**
Total général	**47**	**43**	**90**

Retours de produits par rayons

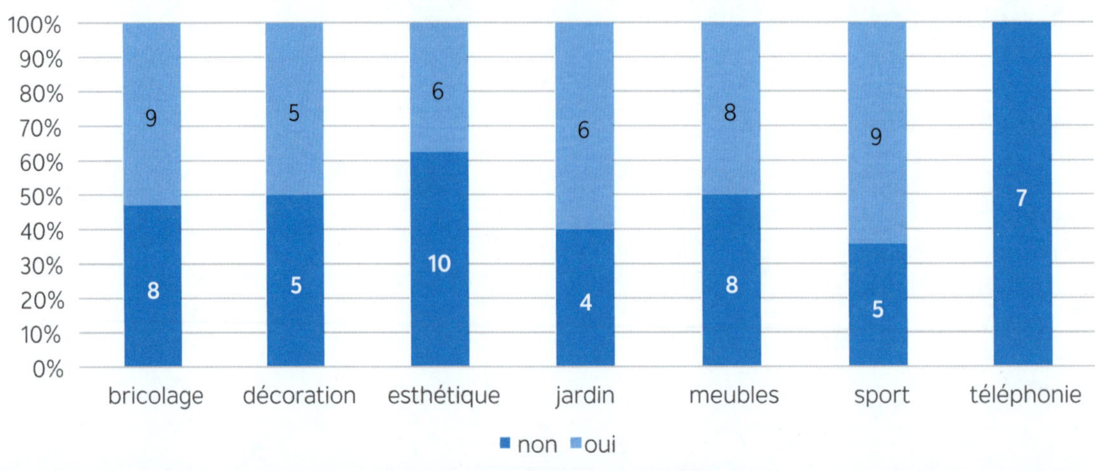

POURQUOI L'UTILISER ?

Objectifs

- Produire un tableau de fréquences et un histogramme.
- Analyser la relation entre deux variables qualitatives à l'aide d'un tableau de fréquences ou d'un histogramme.

Contexte

Les deux visuels montrent comment représenter le croisement entre deux variables qualitatives.

Le premier est un tableau de fréquences. Le second est un histogramme empilé à 100 %.

Les deux outils croisent d'un côté une variable sur les rayons dans lesquels les achats ont été réalisés, et une variable sur les retours de produits (oui : le produit a été retourné par le client ; non : le produit n'a pas été retourné), dans une entreprise où le client peut tester le produit une journée avant de décider de le conserver, ou de le retourner sans aucun frais – auquel cas, le montant intégral de son achat lui est immédiatement reversé.

Les deux variables sont bien qualitatives : elles comportent un nombre fini de modalités possibles (7 pour les rayons, 2 pour les retours de produits) non ordonnées.

Les deux outils montrent de façon différente les mêmes informations. En l'occurrence, on constate que le rayon où il y a le plus fort taux de retours est le rayon « sport », avec plus de 60 % de retours (9 produits sur 14), et celui où il y en a le moins est le rayon « téléphonie », avec 0 % de retours.

COMMENT L'UTILISER ?

Étapes

1. Vérifier que les deux variables à croiser sont bien qualitatives.

2. Construire le tableau ou l'histogramme. Les deux outils peuvent être produits au moyen de n'importe quel logiciel de statistiques.

Le logiciel le plus simple à utiliser pour cela est Excel, qui permet, grâce à l'outil « Tableau croisé dynamique », de personnaliser facilement l'ensemble des paramètres du tableau (fréquences en valeur ou en pourcentages par exemple), et l'ensemble des paramètres du graphique (couleurs, légende, titre, etc.).

3. Veiller aux cas où il y a très peu d'individus dans une case (moins de 5) : cela peut inciter à opérer un regroupement de modalités. En effet, cela nuit à l'anonymat des données et aux possibilités d'analyse.

Le regroupement de modalités peut constituer une opération délicate.

Par exemple, si vous vous rendez compte que vous avez très peu d'individus dans la catégorie « ne sait pas » à la question « quel est le revenu annuel de votre foyer ? », cela signifie qu'il faut regrouper ces individus avec une autre catégorie, mais laquelle ?

4. Interpréter le tableau ou l'histogramme.

Méthodologie et conseils

Certaines personnes sont plus à l'aise pour interpréter des graphiques, d'autres des tableaux. Choisissez ce qui vous convient le mieux.

Les valeurs dans le tableau et dans l'histogramme peuvent prendre différents formats : nombre en valeur absolue, pourcentage en ligne, pourcentage en colonne, pourcentage du total…

Il faut donc adapter l'interprétation à ce format (voir outil 22).

Avant de vous lancer…

✓ Identifiez bien les variables qualitatives que vous souhaitez croiser.

✓ Maîtrisez bien la lecture des tableaux de fréquences et des histogrammes.

✓ Attention à ne pas surinterpréter les relations que le tableau ou le graphique donnent à voir.

Outil 22 Le test du chi-deux

> Le test du chi-deux détermine si deux variables qualitatives sont significativement liées entre elles.

En quelques mots

Le **test du chi-deux** (de Pearson) peut compléter utilement un tableau de fréquences et un histogramme en indiquant la significativité de la relation entre deux variables qualitatives.

Il donne un indicateur, appelé « **p-value** », dont la valeur indique si deux variables sont significativement liées entre elles ou non.

- p-value < seuil de significativitée choisi : les variables sont significativement liées entre elles;
- p-value > seuil de significativité choisi : les variables sont indépendantes, c'est-à-dire non significativement liées entre elles.

LE TEST DU CHI-DEUX

Résultat du test	Signification	Que fait-on ?
p-value < seuil de significativité (5 %, 2,5 %, 1 %...)	La relation est significative : les variables sont dépendantes entre elles	On interprète le sens de la relation
p-value > seuil de significativité (5 %, 2,5 %, 1 %...)	La relation n'est pas significative : les variables sont indépendantes	On n'interprète pas le sens de la relation

POURQUOI L'UTILISER ?

Objectif

Utiliser le test du chi-deux de Pearson (parfois écrit test du χ^2 de Pearson) pour estimer la significativité de la relation entre deux variables qualitatives.

Contexte

Il est parfois difficile d'interpréter la force de la relation entre deux variables à partir d'un tableau ou d'un graphique.
Ainsi, dans les tableau et histogramme présentés dans l'outil 21, peut-on réellement affirmer qu'il y a un lien significatif entre le rayon et le retour de produits?
Le test du chi-deux vient apporter une réponse à cette question. Sans entrer dans les détails mathématiques, il consiste à comparer la distribution réellement observée à la distribution qui serait obtenue si les deux variables étaient indépendantes l'une de l'autre.
La comparaison entre ces deux distributions aboutit à un indicateur, appelé « p-value », qui indique le degré de significativité de la relation.
Si la p-value est inférieure au niveau de signification choisi (ou la marge d'erreur acceptée : généralement, 5%, donc 0,05), alors la relation entre les deux variables est statistiquement significative.

COMMENT L'UTILISER ?

Étapes

1. **Vérifier que les deux variables à croiser sont bien qualitatives**.
2. **Effectuer le test du chi-deux**. La majorité des logiciels de statistiques proposent cette fonction de façon intégrée (par exemple, au moment de réaliser un tableau de fréquences, il est possible de cocher l'option « test du chi-deux »), à l'exception d'Excel, sur lequel il faut effectuer le test du chi-deux manuellement, ce qui est assez laborieux.
3. **Interpréter la force de la relation à partir de la p-value**. Pour les relations significatives (p-value < seuil), interpréter la relation, par exemple grâce à un tableau ou un histogramme : les individus de type *x* sont plus/moins nombreux à présenter la caractéristique *a* que les individus de type *y*, par exemple.
Il peut également être intéressant de formuler des hypothèses sur les mécanismes expliquant cette relation.
Pour les relations non significatives (p-value > seuil), il est préférable de ne pas interpréter l'éventuelle relation observable dans un histogramme par exemple, car cela signifie que cette relation n'est pas significative.

Méthodologie et conseils

Il est préférable d'appliquer le test du chi-deux à des tableaux qui comportent au moins 5 individus par case pour la distribution théorique.
Dans le cas d'un tableau avec des cases à moins de 5 individus, il peut être utile d'opérer des regroupements de modalités (qui ont du sens).
Par exemple, dans le cas étudié dans l'outil 21, le test du chi-deux risquerait d'être faussé par le fait que les effectifs théoriques pour le rayon « téléphonie » sont inférieurs à 5.

Suite outil 22 →

Avant de vous lancer...

- ✓ Identifiez bien les variables qualitatives que vous souhaitez croiser.
- ✓ Maîtrisez bien l'interprétation de la p-value.
- ✓ Attention à ne pas surinterpréter le test du chi-deux, qui n'indique pas une causalité mais une simple relation.

Le test du chi-deux

COMMENT ÊTRE PLUS EFFICACE ?

Le choix des variables à croiser

Le premier critère pour effectuer un test du chi-deux consiste à croiser deux variables qualitatives. Il n'est pas possible d'effectuer ce test sur d'autres combinaisons de variables (quantitative × qualitative ou quantitative × quantitative). Il est en revanche toujours possible de ramener les deux derniers cas à un croisement de variables qualitatives, en opérant des regroupements de modalités (voir outil 14).

Le second critère est celui du sens : il faut privilégier les croisements de variables qui peuvent être interprétés et font sens. Il est inutile de montrer que la relation entre deux variables qui de toute évidence n'ont pas de lien entre elles n'est pas significative; il est tout aussi inutile de montrer que la relation entre deux variables est significative si cette relation ne peut pas être interprétée.

Bien distinguer une relation d'une causalité

Par ailleurs, le test du chi-deux indique la force d'une relation, pas d'une causalité. Par exemple, des sociologues ont montré le lien entre prénom et réussite au baccalauréat. Un test du chi-deux peut ainsi montrer que les « Garance » ont un taux de réussite moyen au baccalauréat plus élevé que les « Jessica ». Il n'y a pas de causalité entre le prénom et la réussite au baccalauréat. En revanche, le prénom est lié à l'origine sociale, qui elle influence fortement la réussite au baccalauréat. Il y a donc une relation de causalité entre origine sociale et prénom, et une relation de causalité entre origine sociale et réussite au baccalauréat, ce qui crée une relation (non causale) entre prénom et réussite au baccalauréat.

Bien choisir le format des fréquences dans le tableau de fréquences

Les cellules du tableau de fréquences peuvent être mises sous plusieurs formes :

- valeur absolue, c'est-à-dire le nombre d'individus dans la cellule;
- fréquence en pourcentage de ligne, c'est-à-dire le nombre d'individus dans la cellule divisé par le nombre d'individus dans la ligne entière;
- fréquence en pourcentage de colonne, c'est-à-dire le nombre d'individus dans la cellule divisé par le nombre d'individus dans la colonne entière;
- fréquence en pourcentage de la population, c'est-à-dire le nombre d'individus dans la cellule divisé par le nombre d'individus dans la population entière.

Il n'y a pas de solution préférable : tout dépend de l'analyse que vous souhaitez mener.

Il faut en revanche veiller au format des cellules et notamment au calcul des pourcentages (en ligne, en colonne, sur la population entière) au moment de la construction du tableau et de l'interprétation.

Bien choisir son histogramme

De la même façon, un histogramme peut donner à voir soit les valeurs absolues, soit privilégier les pourcentages.

L'histogramme présenté dans l'outil 21 combine les deux : les couleurs indiquent le pourcentage (d'où le fait que toutes les barres atteignent le même niveau, 100) et les étiquettes indiquent la valeur absolue.

Exercices

Tableaux de fréquences et histogrammes

Exercice 1 : construire des tableaux de fréquences et des histogrammes

> Sur la Base 2 (disponible dans les ressources numériques en ligne), créer les tableaux de fréquences et les histogrammes sur les croisements suivants :

1. Rayon et retour produit (cas donné en exemple de l'outil 21).
2. Mode de paiement et carte de fidélité.
3. Rayon et mode de paiement.

> Ne pas hésiter à tester différents formats pour les fréquences et différents types d'histogramme.

Astuce : sous Excel, le tableau de fréquences se construit en mobilisant la fonction Insertion > Tableau croisé dynamique.

Exercice 2 : Interpréter les tableaux de fréquences et les histogrammes

> Analyser chaque croisement de variable en fonction du tableau ou de l'histogramme. Comment interprétez-vous ces relations?

....

....

Astuce : la relation entre deux variables qualitatives peut se décrire ainsi : « Le retour produit est lié au rayon. Ainsi, les rayons "sport" et "jardin" sont ceux qui ont le plus de retours produits, et les rayons "téléphonie" et "esthétique" ceux qui en ont le moins ».

Exercice 3 : Effectuer et interpréter le test du chi-deux

> Effectuer le test du chi-deux sur les croisements proposés dans l'exercice 1 (en effectuant des regroupements de modalités le cas échéant). Quelles sont les relations significatives et celles qui ne le sont pas?

....

....

Astuce : Commandes pour effectuer le test du chi-deux :
- R avec Rcmdr : Statistiques > Tables de contingence > Tri croisé, dans l'onglet « Statistiques », cocher l'option « Test Chi-deux d'indépendance »;
- SAS : proc freq, option chisq;
- Stata : tabulate var 1 var2, chi2;
- SPSS : Analyse > Statistiques descriptives > Tableaux croisé > Statistiques > Cocher l'option « Khi-deux ».

Outil 23

Deux types de variables : tableaux et graphiques

> La relation entre une variable qualitative et une variable quantitative peut être représentée graphiquement et numériquement.

En quelques mots

La relation entre deux types de variables (qualitative x quantitative) peut être représentée **graphiquement** (nuage de points bicolore, histogramme de comparaison de moyennes, boîtes à moustaches par exemple) ou **numériquement** (comparaison de quantiles par exemple). Les deux types de représentations peuvent donner les mêmes informations, mais de façon différente.

TABLEAU ET BOÎTES À MOUSTACHES SUR GENRE ET SALAIRE

	Salaire moyen	Salaire maximal	Salaire minimal	Écart-type du salaire
Femme	37 049	135 000	20 149	15 754
Homme	38 289	140 735	20 149	15 060
Population totale	37 835	140 735	20 149	15 315

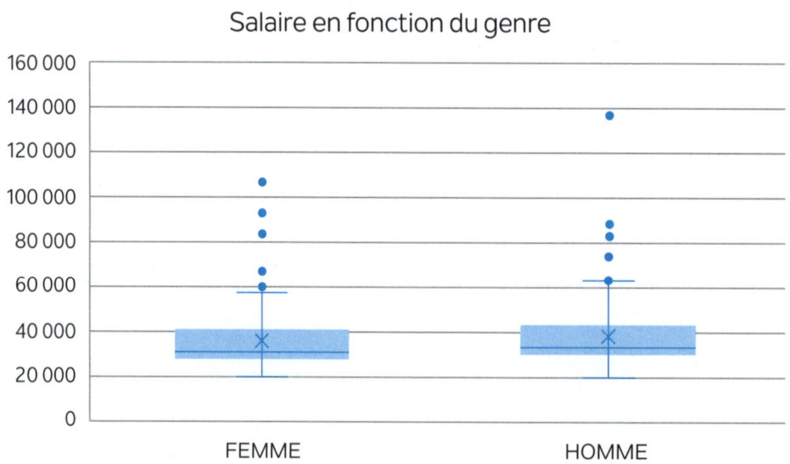

POURQUOI L'UTILISER ?

Objectifs

- Produire un tableau croisant une variable qualitative et une variable quantitative.
- Produire un graphique (appelé « boîte à moustaches », ou « boxplot ») croisant une variable qualitative et une variable quantitative.
- Identifier le lien entre les deux variables à l'aide de ces deux outils.

Contexte

Les deux visuels montrent comment représenter le croisement entre une variable qualitative (le genre) et une variable quantitative (le salaire). Le salaire est bien une variable quantitative (numérique, ordonnée et continue).

Le genre est bien une variable qualitative (binaire, non ordonnée). Les deux outils montrent de façon différente quasiment les mêmes informations, qui sont :

- Le salaire moyen des hommes (38 289, représenté par la croix au sein du rectangle dans le graphique) est plus élevé que celui des femmes (37 049, représenté également par une croix).
- Le salaire maximal des hommes (140 735, représenté par le point le plus élevé dans le graphique) est plus élevé que celui des femmes (135 000, représenté par le point le plus élevé pour les femmes).
- En revanche, le salaire minimal (20 149, représenté par la barre horizontale la plus basse) est le même pour les deux.

L'écart-type varie peu en fonction du genre, ce qui signifie que la variation de salaire au sein de la population est sensiblement la même pour les femmes que pour les hommes.

Le graphique montre de plus les quartiles (longueurs inférieure et supérieure du rectangle) et la médiane (barre horizontale au milieu du rectangle).

COMMENT L'UTILISER ?

Étapes

1. **Vérifier que les deux variables à croiser** sont bien l'une qualitative, l'autre quantitative.
2. **Construire le tableau ou le graphique**. Sous Excel, il faut calculer manuellement les différents indicateurs (quantiles, moyenne) pour chaque catégorie. Vous pouvez utiliser l'outil « Tableau croisé dynamique » et le graphique « Zone et Valeur » pour produire les boîtes à moustaches. Sous d'autres logiciels, vous pouvez demander la production des différents indicateurs (quantiles, moyenne) en fonction de la variable qualitative (instruction « by » en général).
3. **Interpréter le tableau ou le graphique**.

Méthodologie et conseils

Comparer uniquement la moyenne entre deux populations (moyenne des salaires pour les femmes et moyenne des salaires pour les hommes) est intéressant mais insuffisant. En effet, la moyenne présente plusieurs défauts, notamment le fait d'être très sensible aux valeurs extrêmes.

Comparer les médianes peut être utile, notamment quand il y a des valeurs extrêmes.

Comparer les quartiles permet d'avoir une idée plus précise de la distribution du salaire pour les femmes et les hommes. La variabilité de salaire au sein de chaque population, mesurée par la variance ou l'écart-type, peut également apporter des informations.

Avant de vous lancer...

✓ Identifiez bien les variables qualitative et quantitative que vous souhaitez croiser.

✓ Maîtrisez bien la lecture des tableaux et des boîtes à moustaches.

✓ Ne vous limitez pas à la comparaison de moyennes.

Outil 24

L'analyse de la variance

> L'analyse de la variance permet de comparer les moyennes de différents échantillons.

En quelques mots

L'**analyse de la variance** peut compléter utilement un tableau de chiffres et un graphique avec boîtes à moustaches par exemple, en indiquant la significativité de la relation entre une variable qualitative et une variable quantitative.

Elle donne également un indicateur, appelé « **p-value** », dont la valeur indique si la moyenne varie significativement entre les différents échantillons, ce qui suppose que la variable quantitative varie en fonction de la variable qualitative (ou *vice versa*) :

- p-value < seuil d'erreur choisi : la moyenne varie significativement entre les différents échantillons;
- p-value > seuil d'erreur choisi : la moyenne ne varie pas significativement entre les différents échantillons.

L'ANALYSE DE VARIANCE

Résultat du test	Signification	Que fait-on ?
p-value < seuil de significativité (5 %, 2,5 %, 1 %...)	La moyenne varie significativement entre les différents échantillons : la variable quantitative varie en fonction de la variable qualitative (ou vice versa)	On interprète comment et pourquoi la moyenne varie
p-value > seuil de significativité (5 %, 2,5 %, 1 %...)	La moyenne ne varie pas significativement entre les différents échantillons : la variable quantitative ne varie pas en fonction de la variable qualitative (ou vice versa)	On n'interprète pas les éventuelles (faibles) variations de moyenne

POURQUOI L'UTILISER ?

Objectif

Utiliser l'analyse de variance pour estimer la significativité de la relation entre une variable qualitative et une variable quantitative.

Contexte

Il est parfois difficile d'interpréter la force de la relation entre deux variables à partir d'un tableau ou d'un graphique. Ainsi, dans les tableau et histogramme présentés dans l'outil 23, peut-on réellement affirmer qu'il y a un lien significatif entre le genre et le salaire ?

L'analyse de variance vient apporter un début de réponse à cette question. Sans entrer dans les détails mathématiques, cela consiste à comparer la moyenne de différents échantillons (en l'occurrence, comparer la moyenne d'une variable quantitative entre les groupes correspondant aux différentes modalités d'une variable qualitative).

La comparaison entre ces deux distributions aboutit à un indicateur, appelé « p-value », qui indique le degré de significativité de la relation. Si la p-value est inférieure au niveau de signification choisi (ou la marge d'erreur acceptée : généralement 5 %, donc 0,05), alors la moyenne varie significativement en fonction des modalités de la variable qualitative.

COMMENT L'UTILISER ?

Étapes

1. Vérifier que les deux variables à croiser sont bien, l'une qualitative, l'autre quantitative.

2. Effectuer l'analyse de variance. La majorité des logiciels de statistiques proposent cette fonction de façon intégrée. Sur Excel, la fonction est disponible dans l'utilitaire d'analyse.

3. Interpréter la force de la relation à partir de la p-value.

- Pour les relations significatives (p-value < seuil), interpréter la relation, par exemple grâce à un tableau ou un graphique avec boîtes à moustaches : la moyenne de telle variable (salaire par exemple) est plus élevée pour les individus de type *x* (hommes par exemple) que pour les individus de type *y* (femmes par exemple).

Il peut également être intéressant de formuler des hypothèses sur les mécanismes expliquant cette variation.

- Pour les relations non significatives (p-value > seuil), il est préférable de ne pas interpréter les éventuelles variations de moyenne observables dans un tableau de chiffres par exemple, car cela signifie que ces variations ne sont pas significatives.

Méthodologie et conseils

Si la variable qualitative est binaire, il est aussi possible d'utiliser le test de Student, qui compare les moyennes, mais entre deux échantillons uniquement (c'est-à-dire pour une variable qualitative binaire).

L'analyse de variance est plus large car elle permet de comparer les moyennes entre deux échantillons ou plus.

Suite outil 24 →

Avant de vous lancer...

✓ Identifiez bien les variables qualitatives et quantitatives que vous souhaitez croiser.

✓ Maîtrisez bien l'interprétation de la p-value.

✓ Attention à ne pas surinterpréter l'analyse de variance, qui mesure uniquement les variations de moyenne.

L'analyse de la variance

COMMENT ÊTRE PLUS EFFICACE ?

Le choix des variables à croiser

Le premier critère pour effectuer une analyse de variance consiste à croiser une variable qualitative et une variable quantitative. Il n'est pas possible d'effectuer ce test sur d'autres combinaisons de variables (quantitative × quantitative ou qualitative × qualitative). D'autres tests sont disponibles pour ces combinaisons (voir outils précédents).

Il est en revanche toujours possible de ramener un croisement de deux variables quantitatives à un croisement entre variable qualitative et variable quantitative, en opérant des regroupements de modalités (voir outil 14).

Le second critère, comme pour les tests précédents, est celui du sens : il faut privilégier les croisements de variables qui peuvent être interprétés et font sens.

Bien distinguer une relation d'une causalité

Par ailleurs, l'analyse de variable indique une relation qui peut ne pas être une causalité. La relation peut aller dans les deux sens. Ainsi, c'est la variable quantitative qui peut varier en fonction de la variable qualitative (par exemple, ici, le salaire varie en fonction du genre) ou l'inverse (par exemple, le fait d'acheter ou non tel produit de luxe varie en fonction du revenu).

Par ailleurs, comme pour les autres croisements, la relation peut en fait être associée à une troisième variable, non observée. Ainsi, si une analyse montre que les dépenses mensuelles des individus varient en fonction de leur quartier d'habitation, cela peut être dû au fait que le quartier d'habitation dépend en grande partie du revenu, qui influence aussi les dépenses mensuelles. Il ne faut donc pas surinterpréter les résultats de l'analyse de variance.

L'interprétation

En plus du résultat du test, il faut interpréter les variations.

Par exemple, si le test montre que la moyenne de salaire varie significativement en fonction du genre, les hommes gagnant en moyenne plus que les femmes, il peut être intéressant de se pencher sur les mécanismes qui expliquent cet écart : discrimination directe ? Ségrégation professionnelle ? Moindre accès des femmes aux responsabilités ? Etc. Répondre à ces hypothèses interprétatives peut nécessite de mener d'autres tests.

Par exemple, vous pouvez tester la force de la relation entre genre et niveau de responsabilité (par un test du chi-deux par exemple), puis entre niveau de responsabilité et salaire (par une analyse de variance).

Une approche multivariée peut aussi s'avérer utile (voir dossier suivant).

Graphique et tableau

Selon ce que vous souhaitez montrer, le graphique ou le tableau peut être plus adapté.

Sachez aussi que vous pouvez utiliser le tableau pour mener vos analyses, mais présenter *in fine* le graphique à vos interlocuteurs, si vous le jugez plus visuel et facile à lire (voir dossier 8 sur la présentation des résultats).

Il est important de faciliter l'appropriation des résultats par vos interlocuteurs.

Exercices

L'analyse de la variance

EXERCICE 1 : CONSTRUIRE DES TABLEAUX ET DES BOÎTES À MOUSTACHES

> Sur la Base 1 (disponible dans les ressources numériques en ligne), créer les tableaux et les boîtes à moustaches sur les croisements suivants :

1. Genre et Salaire fixe ramené à un temps plein
2. Genre et Part variable managériale
3. Genre et Part variable commerciale

Astuce : sous Excel, le graphique avec boîtes à moustaches se construit en mobilisant la fonction Insertion > Graphique > Zone et valeur. Dans d'autres logiciels, c'est le terme anglais (*boxplot*) qui sera privilégié.

EXERCICE 2 : INTERPRÉTER LES TABLEAUX ET LES GRAPHIQUES

> Analyser chaque croisement de variable en fonction du tableau ou du graphique. Comment interprétez-vous ces relations ?

....

....

Astuce : la relation entre une variable qualitative et une variable quantitative peut se décrire ainsi : « Le salaire varie significativement en fonction du genre. Ainsi, le salaire moyen, médian et maximal des hommes est plus élevé que celui des femmes ».

EXERCICE 3 : EFFECTUER ET INTERPRÉTER L'ANALYSE DE VARIANCE

> Effectuer les analyses de variance sur les croisements proposés dans l'exercice 1. Quelles sont les relations significatives et celles qui ne le sont pas ?

....

....

Astuce : commandes pour effectuer l'analyse de variance :
- Excel : Utilitaire d'analyse > Analyse de variance (à un facteur si la variable qualitative est binaire, plusieurs sinon) ;
- R avec Rcmdr : Statistiques > Moyennes > ANOVA ;
- SAS : proc ttest (si la variable qualitative est binaire) ;
- Stata : anova varquanti varquali ;
- SPSS : Analyse > Comparer les moyennes > ANOVA à 1 facteur.

Outil 25 Interprétation et analyse

> “ Les données brutes ne parlent pas d'elles-mêmes.

En quelques mots

Les différents croisements et tests présentés dans ce dossier ne prennent sens que si la personne qui analyse est capable d'**interpréter** la relation entre les deux variables.
De ce fait, il ne suffit pas de présenter un tableau, un graphique, le résultat d'un test : encore faut-il expliciter l'information obtenue, et si possible formuler des **hypothèses** expliquant l'éventuel lien (ou l'absence de lien, information tout aussi intéressante) entre deux variables.

LA DÉMARCHE D'INTERPRÉTATION ET D'ANALYSE

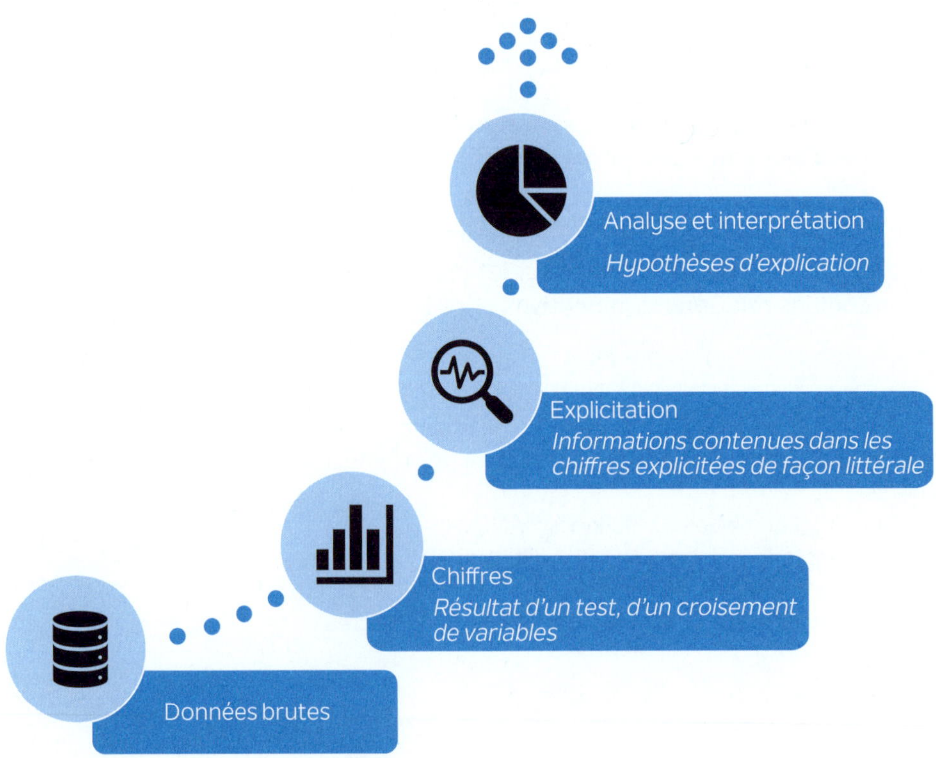

POURQUOI L'UTILISER ?

Objectif

Bien maîtriser les différentes étapes de la démarche à suivre en analyse de données, de façon à « faire parler » les données.

Contexte

L'outil présenté ici montre la démarche à suivre en analyse de données pour donner du sens aux données brutes.
Les données brutes ne « parlent » pas d'elles-mêmes. Il faut leur donner du sens. Pour cela, trois étapes sont nécessaires. La première consiste à transformer ces données en indicateurs, croisements, tests (voir dossiers 3 et 4). Cependant, cette première étape peut donner des résultats qui restent obscurs pour les non-connaisseurs. Il faut donc passer à l'étape 2 : expliciter de manière littérale les résultats obtenus. Cela peut correspondre par exemple à mentionner qu'une relation est significative ou pas, à expliquer le sens de la relation, etc. Enfin, l'étape 3 consiste à formuler des hypothèses ou interprétations expliquant ces relations et leur sens. C'est la partie la plus délicate mais aussi la plus intéressante de l'analyse de données, celle qui permet de vraiment donner un sens aux données. Cette étape peut s'appuyer sur vos connaissances, sur vos lectures, mais aussi sur d'autres croisements de données. Elle permet d'alimenter les analyses multivariées présentées dans le dossier suivant.

COMMENT L'UTILISER ?

Étapes

1. **Bien maîtriser les différentes possibilités** d'analyse statistique présentées dans les dossiers 3 et 4.
2. **Bien expliciter les résultats de vos analyses**. Cette étape est essentielle, à la fois dans le cas où vous présentez vos résultats à des non-connaisseurs, mais aussi pour bien vous approprier les résultats obtenus.
3. **Interpréter et analyser les résultats obtenus**, en proposant des pistes expliquant pourquoi vous obtenez tel ou tel résultat.

Méthodologie et conseils

Il arrive fréquemment d'aboutir à la non-significativité de la relation entre deux variables. Ce résultat, qui paraît parfois décevant, n'est jamais inintéressant : savoir que deux variables ne sont pas liées entre elles est tout aussi intéressant que savoir qu'elles sont liées. La non-significativité peut, tout autant que la significativité, nécessiter la formulation d'hypothèses explicatives.
La démarche en analyse de données fonctionne de manière itérative. Ainsi, un croisement de données peut vous donner un résultat vous conduisant à formuler des hypothèses, dont l'étude peut nécessiter de nouveaux croisements de données. Ainsi, si vous montrez que le comportement d'achat varie en fonction du lieu d'habitation, vous pouvez formuler l'hypothèse que cela est dû au fait que le lieu d'habitation varie en fonction du revenu, et que le comportement d'achat varie lui aussi en fonction du revenu. Pour tester cette hypothèse, il faut effectuer un croisement entre lieu d'habitation et revenu, et un autre entre comportement d'achat et revenu.

Avant de vous lancer...

- ✓ **Il est toujours préférable de réaliser des croisements qui « font sens », c'est-à-dire qui pourront être interprétés.**
- ✓ **Bien maîtriser l'interprétation des chiffres et graphiques est clé. Il est facile de se tromper dans une interprétation. Si vous n'êtes pas à l'aise avec les graphiques (ou les tableaux), privilégiez les tableaux (ou les graphiques).**
- ✓ **Ne pas surinterpréter les relations entre variables, qui, pour ce dossier, ne sont pas des causalités et peuvent être liées à des tierces variables.**

5 DOSSIER

ANALYSER LES DONNÉES EN MULTIVARIÉ

“

Il est souvent nécessaire d’avoir recours à plusieurs variables pour décrire et bien comprendre un phénomène.

Olivier Martin

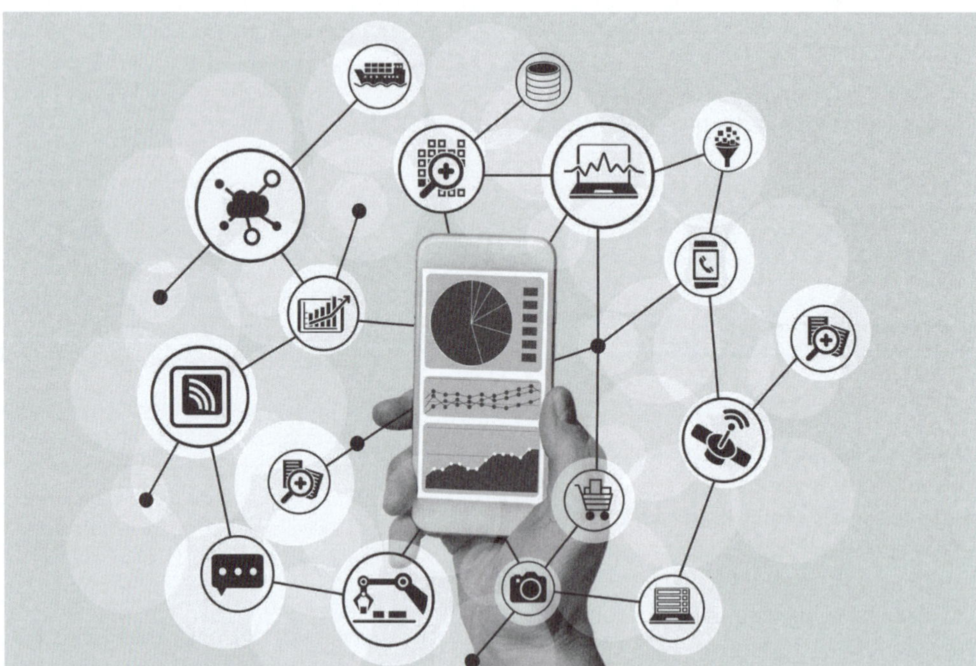

Le raisonnement en bivaré, reposant sur des croisements de variables deux par deux, devient limité dès lors que l'on étudie des phénomènes complexes impliquant plusieurs facteurs. Par ailleurs, il peut conduire à des erreurs d'interprétation, quand le lien entre deux variables est en fait dû à une tierce variable, comme on l'a vu. C'est là que le raisonnement en multivarié devient utile, sinon nécessaire.

Pourquoi croiser plusieurs variables?

De nombreux phénomènes sont multidimensionnels. Par exemple, l'absentéisme se décline sur différentes dimensions : le nombre d'absences; leur durée; leur fréquence; leur cause; etc.
Par ailleurs, l'absentéisme s'explique par de nombreux déterminants : pénibilité de l'emploi, genre, âge, épidémiologie…
De fait, analyser le phénomène de l'absentéisme de façon approfondie nécessitera de considérer de nombreuses dimensions/variables.
Plutôt que de réaliser un nombre très important de croisements de variables deux par deux, il peut être plus utile de mobiliser des méthodes permettant de visualiser ou d'analyser un nombre conséquent de variables en même temps. C'est l'objet par exemple des analyses factorielles et typologiques.

Le raisonnement « toutes choses égales par ailleurs »

Dans d'autres cas, il peut être nécessaire d'isoler l'effet d'une variable sur une autre.
Par exemple, si l'on souhaite évaluer l'effet d'une caractéristique telle que l'âge, le genre, le revenu, sur des comportements, par exemple d'achat ou de travail, il faut contrôler le fait que les caractéristiques explicatives peuvent entrer en interaction avec d'autres caractéristiques jouant aussi sur ces comportements.
Par exemple, le genre joue sur le revenu (les femmes gagnant en moyenne moins que les hommes) qui joue sur les comportements d'achat.
Si l'on souhaite mesurer l'effet du genre uniquement sur le comportement d'achat, il faut raisonner à profil identique, c'est-à-dire en contrôlant l'effet du revenu. C'est ce que l'on appelle le raisonnement « toutes choses égales par ailleurs », qui se matérialise notamment par les modèles de régression.

Les outils

Outil 26 L'analyse factorielle

> « L'analyse factorielle permet de trouver des facteurs qui résument les informations contenues dans les variables initiales.
>
> Olivier Martin

En quelques mots

L'**analyse factorielle** vise à donner sens à une base de données contenant un nombre important de colonnes (variables). Cette méthode part du principe que, dans une base de données contenant un nombre important de variables, certaines peuvent être **redondantes**, par exemple parce qu'elles sont très corrélées entre elles. De ce fait, l'objectif de l'analyse factorielle consiste à **réduire** l'information contenue dans la base à un nombre limité d'axes, ou de dimensions, qui sont des combinaisons de variables en partie redondantes.

ANALYSE FACTORIELLE DES ACHATS ET RETOURS DES PRODUITS

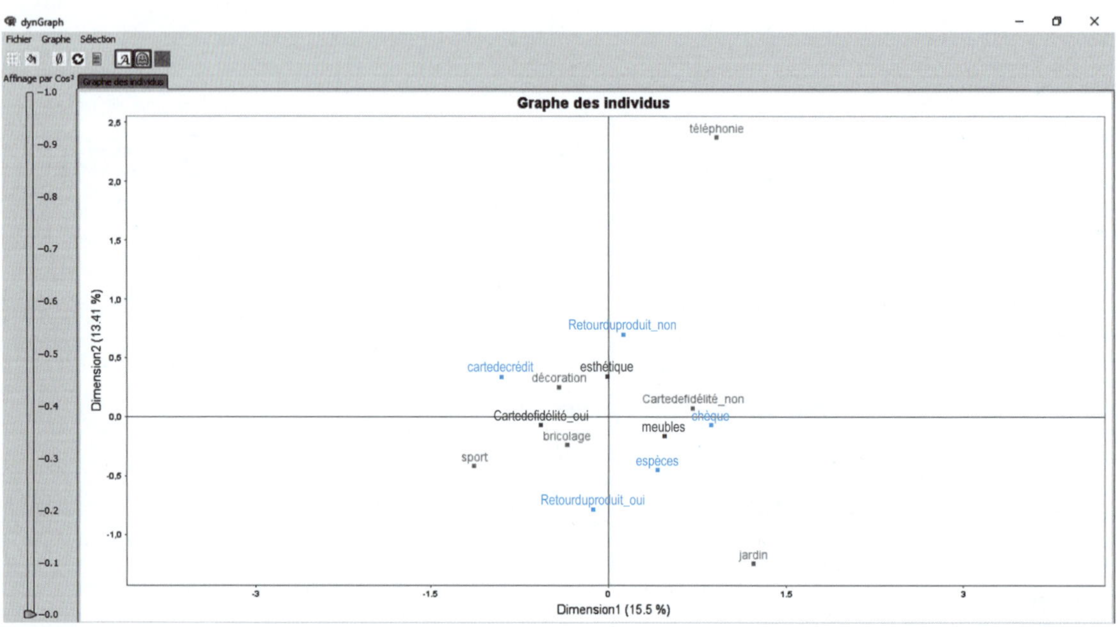

POURQUOI L'UTILISER ?

Objectif

Analyser plus de deux variables simultanément en utilisant une analyse factorielle.

Contexte

L'outil illustre comment analyser plus de deux variables simultanément sans pour autant définir de lien de causalité entre ces différentes variables (dans le cas de variables liées par une relation de causalité, il faudra privilégier le raisonnement « toutes choses égales par ailleurs », voir outils 28 à 30).
Selon le type de variables considéré, différentes méthodes peuvent être envisagées.
L'analyse factorielle des correspondances (ACM) est réservée à l'analyse conjointe de variables qualitatives, quand l'analyse en composantes principales (ACP) permet d'analyser conjointement des variables quantitatives.
L'étude d'un phénomène multidimensionnel suppose tout d'abord d'identifier des variables qui permettent de définir ce phénomène.
Une fois ces variables (appelées « variables actives ») identifiées, l'objectif consiste à utiliser les éventuelles redondances entre elles de façon à répertorier quelques dimensions clés.
Chaque dimension est en fait une combinaison de variables (redondantes), et les dimensions seront alors indépendantes entre elles.
Une fois ces différentes dimensions identifiées, des variables illustratives, dites supplémentaires, peuvent être utilisées. Il peut s'agir par exemple de variables d'identification (âge, genre, etc.), dont on souhaite analyser le lien avec le phénomène étudié.
Cette méthode a l'avantage d'être très visuelle car elle produit entre autres des graphiques permettant de visualiser le positionnement de chaque variable ou chaque modalité sur chaque dimension.

COMMENT L'UTILISER ?

Étapes

1. Identifier les variables actives, directement liées au phénomène. Exemple, pour l'absentéisme : caractéristiques de l'absentéisme (durée, fréquence, nombre, raisons des absences…).
2. À partir de ces variables, **le logiciel produit des facteurs/dimensions** (en général, en nombre inférieur à 5).
3. Interpréter la signification de chaque facteur/dimension, en regardant notamment quelles variables il combine.
4. Le logiciel peut ensuite **positionner les variables supplémentaires** sur chaque facteur/dimension.
5. Interpréter ces positionnements.

Méthodologie et conseils

Commandes pour les différents logiciels :
- Excel : nécessite xlstat, un module payant à ajouter au logiciel;
- R : avec les packages (gratuits) Rcmdr et FactoMineR, aller dans le menu FactoMineR et sélectionner « Analyse en composantes principales » ou « Analyse des correspondances multiples » selon le type de méthode adéquat, puis suivre les indications du logiciel;
- SAS : l'INSEE met à disposition des macros spécifiques, voir notamment https://www.insee.fr/fr/information/2021906 ;
- SPSS : Analyse > Réduction des dimensions > Analyse factorielle (pour l'ACP) ou Codage optimal (pour l'ACM), puis suivre les indications du logiciel.

Suite outil 26 →

Avant de vous lancer…

✓ **Définissez bien en amont les variables actives et supplémentaires.**

✓ **Ce type de méthode requiert une forte capacité d'interprétation et d'analyse de la part du statisticien.**

L'analyse factorielle

COMMENT ÊTRE PLUS EFFICACE ?

Le choix des variables actives et supplémentaires

Une des étapes capitales pour la réussite d'une analyse factorielle réside dans le choix des variables actives et supplémentaires.

Pour rappel, les variables actives sont celles qui permettent de définir le phénomène étudié (différentes caractéristiques d'un phénomène par exemple), quand les variables supplémentaires, qui ne sont pas obligatoires, vont permettre soit de décrire de façon plus approfondie le phénomène, soit d'analyser le lien entre le phénomène (les variables actives) et d'autres variables.

Il est donc important de bien définir ces deux catégories de variables.

Par exemple, supposons que vous disposiez de données sur la perception du comportement du manager par les salariés sur l'engagement des salariés, et sur le profil des salariés.

Plusieurs options s'offrent à vous :

- effectuer votre analyse en considérant comme variables actives le comportement perçu du manager (ce qui permet d'identifier les caractéristiques clés du comportement managérial perçu) et comme variables supplémentaires l'engagement (ce qui permet de voir le lien entre comportement managérial et engagement);
- effectuer votre analyse en considérant comme variables actives l'engagement (ce qui permet d'identifier les caractéristiques clés de l'engagement) et comme variables supplémentaires le comportement managérial perçu (ce qui permet de voir le lien entre comportement managérial et engagement).

Les types de variables

L'ACM est réservée aux variables actives qualitatives, et l'ACP aux variables actives quantitatives. Si votre base de données contient à la fois des variables quantitatives et qualitatives, plusieurs options sont envisageables :

- transformer les variables quantitatives en variables qualitatives en opérant des regroupements en tranches, et ainsi se ramener à un cas d'ACM;
- faire basculer des variables en variables supplémentaires – cette option est particulièrement intéressante si vous avez un type de variable très majoritaire par rapport à l'autre.

L'interprétation

L'autre étape capitale pour la réussite d'une analyse factorielle réside dans l'interprétation des facteurs (dimensions), qui représentent les axes les plus structurants de l'information contenue dans les variables actives. Il faut les interpréter en regardant quelles sont les variables les plus représentatives de ces dimensions, et où elles se positionnent. On peut utiliser les tableaux que les logiciels produisent, et qui donnent la contribution de chaque variable (et le positionnement de chaque modalité pour l'ACM) à chaque dimension, ou bien les sorties graphiques, notamment pour l'ACM : les modalités/variables qui contribuent le plus aux dimensions sont celles qui sont le plus éloignées du centre du graphique.

Les représentations graphiques

Les logiciels offrent plus ou moins de facilité pour modifier les graphiques et les rendre plus lisibles. C'est un point important car un des apports de l'analyse factorielle réside dans les représentations graphiques.

Exercices

Effectuer une analyse factorielle

Exercice 1 : Choisir des variables

> Sur la Base 3 (disponible dans les ressources numériques en ligne), choisir les variables actives et supplémentaires permettant de traiter le sujet : quels sont les comportements des abonnés sur cette plateforme de vidéo à la demande ?

....

....

....

....

Exercice 2 : Interpréter les graphiques

> D'après le graphique présenté en exemple de la page 88, comment interprétez-vous les dimensions 1 et 2 ?

....

....

....

....

• Proposition de réponse : la première dimension, en abscisses, renvoie plutôt aux modalités d'achat (carte de fidélité, mode de paiement : les modalités de ces variables sont les plus éloignées du centre sur l'axe des abscisses), quand la seconde dimension, en ordonnées, renvoie de façon très claire aux rayons (les modalités « téléphonie » et « jardin » étant très éloignées du centre sur l'axe des ordonnées).

Exercice 3 : Effectuer et interpréter l'analyse factorielle

> Effectuer l'analyse factorielle présentée dans l'exercice 1. Quelles sont les dimensions les plus structurantes pour décrire les comportements des abonnés sur cette plateforme de vidéo à la demande ?

....

....

....

....

Outil 27

L'analyse typologique

> « La classification est fondamentale pour toutes les sciences. »
>
> Hubert M. Jr Blalock

En quelques mots

L'**analyse typologique** sert à identifier ou définir des segments ou groupes d'individus présentant des comportements ou caractéristiques similaires. À partir d'une base de données, l'objectif est donc d'identifier des grappes d'individus, en **maximisant l'homogénéité interne** de chaque classe mais aussi les distances des classes entre elles. En effet, un groupe se caractérise à la fois par son homogénéité interne, mais aussi son éloignement par rapport à d'autres groupes.

L'ANALYSE TYPOLOGIQUE

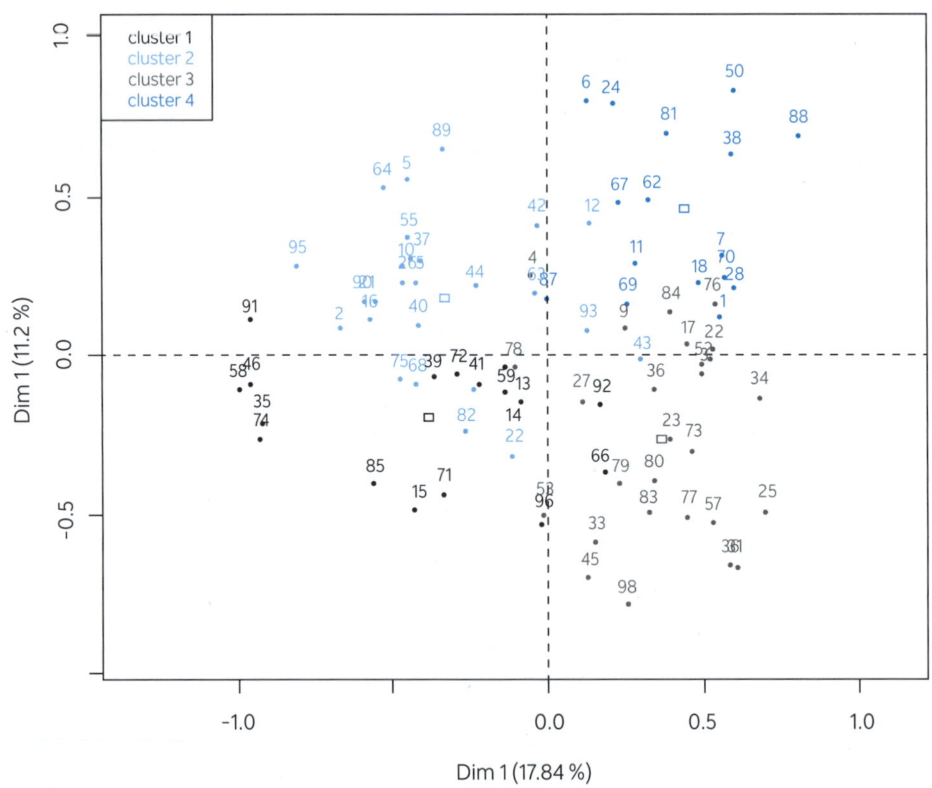

POURQUOI L'UTILISER ?

Objectif

Scinder un échantillon en segments ou groupes d'individus en utilisant une analyse typologique.

Contexte

Identifier dans une base de données différents groupes d'individus peut s'avérer très utile dans de nombreux domaines de gestion.
Ainsi, le marketing utilise régulièrement des typologies pour se reposer sur une segmentation des clients au moment de définir des offres : définir une offre pour chaque segment de clients permet de s'assurer qu'elles seront plus adaptées et donc plus plébiscitées par les clients.
De la même façon, en finance, identifier différents segments de produits financiers peut permettre de les regrouper dans des portefeuilles homogènes.
En RH, identifier des segments d'individus homogènes en matière d'utilisation des outils digitaux peut permettre de définir des formations sur mesure, adaptées aux besoins de chaque groupe.
De la même manière que l'analyse factorielle, l'analyse typologique se fonde sur des variables actives, et des variables supplémentaires (ou illustratives) peuvent être mobilisées pour caractériser chaque groupe.

COMMENT L'UTILISER ?

Étapes

1. **Identifier les variables actives** sur lesquelles on souhaite effectuer l'analyse typologique.
2. **Effectuer l'analyse**.
3. **Interpréter chaque segment** (groupe) à partir des modalités des variables qui y sont surreprésentées.
Par exemple, si les salariés consultant leurs e-mails et SMS très régulièrement et utilisant très peu le téléphone pour communiquer sont surreprésentés dans un segment, cela oriente vers l'idée que ce segment représente les salariés qui privilégient les usages écrits des outils digitaux.
4. **Mobiliser le cas échéant les variables supplémentaires** pour décrire de façon plus précise la population de chaque groupe. Par exemple, il peut être intéressant de mobiliser les variables d'identification (genre, âge, notamment) en variables illustratives.

Méthodologie et conseils

Plusieurs méthodes permettent d'effectuer des analyses typologiques.
La classification ascendante hiérarchique, effectuée après une analyse factorielle, permet d'identifier des groupes qui se positionnent sur les dimensions de l'analyse factorielle.
Commandes pour les différents logiciels :
- Excel : nécessite xlstat ;
- R : avec les packages (gratuits) Rcmdr et FactoMineR, aller dans le menu FactoMineR et sélectionner « Analyse en composantes principales » ou « Analyse des correspondances multiples » selon le type de méthode adéquat, et cocher l'option « Réaliser une classification après l'ACM » ;
- SAS : l'INSEE met à disposition des macros spécifiques, voir notamment https://www.insee.fr/fr/information/2021906 ;
- SPSS : Analyser > Classifier > Cluster hiérarchique (sur la base obtenue après l'ACM éventuellement).

Avant de vous lancer...

✓ **Identifiez bien les variables actives et supplémentaires.**

✓ **Interprétez bien la construction des groupes et la manière dont les variables supplémentaires permettent de les caractériser.**

Outil 28 La régression linéaire simple

> “ La régression linéaire simple est le cas le plus simple de régression.

En quelques mots

La **régression linéaire simple** étudie la relation entre une variable quantitative dépendante et une variable indépendante. Elle suppose donc, contrairement aux outils présentés jusqu'ici, un sens dans la relation entre les deux variables : l'une (**variable indépendante**) explique (ou influence) l'autre (**variable dépendante**). La régression linéaire simple ne croise que deux variables, mais elle est présentée dans ce dossier car bien maîtriser les principes de la relation linéaire simple est nécessaire pour comprendre la régression linéaire multiple et la régression logistique multiple (voir les deux outils suivants).

LA RÉGRESSION LINÉAIRE SIMPLE

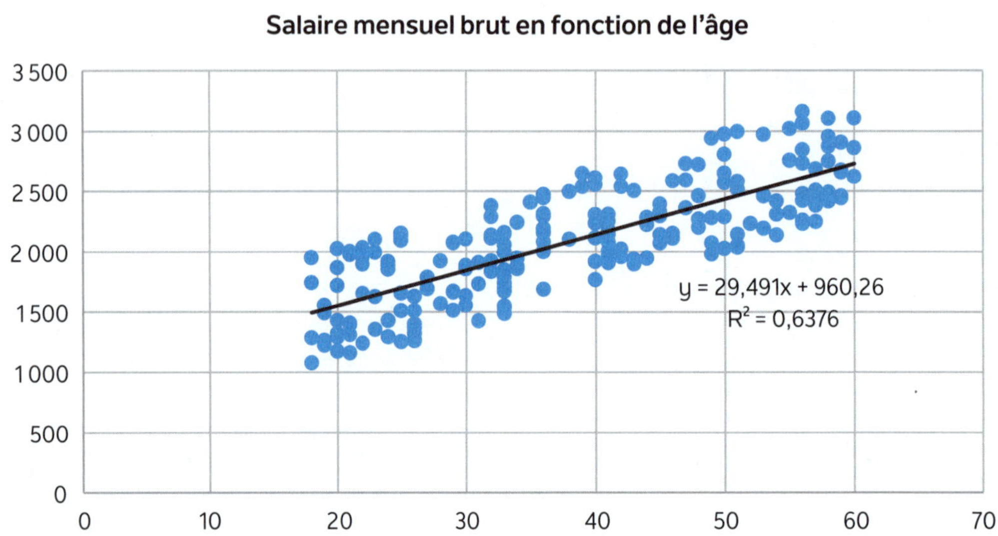

POURQUOI L'UTILISER ?

Objectif

Mesurer l'effet d'une variable sur une autre à l'aide de la régression linéaire simple.

Contexte

Il est courant que la relation entre deux variables n'aille qu'à sens unique. Par exemple, s'il est fort possible que l'âge influe sur le salaire, il est évident que le salaire n'influe pas sur l'âge. On dit alors que le salaire est une variable dépendante (ou d'intérêt), au sens où elle dépend de l'âge, qui est alors qualifié de variable indépendante (ou explicative). Par convention, la variable dépendante est notée *y* et la variable indépendante *x*.

Si les variables sont toutes deux quantitatives, il est tentant de faire passer une droite au milieu du nuage de points (comme sur le graphique). Le coefficient directeur de la droite (29,491 sur le graphique) s'analyse comme l'effet de *x* sur *y*. On modélise alors cette relation par l'équation : $y = ax + b$. Autrement dit, la valeur de *y* peut être estimée en fonction de la valeur *x* et de deux constantes *a* et *b*.

L'enjeu de la régression linéaire consiste à estimer ces deux constantes *a* et *b*. En l'occurrence, le paramètre *a* (29,491 sur l'exemple ci-contre) s'interprète de la façon suivante : en moyenne, chaque année supplémentaire d'âge rapporte 29 euros de salaire mensuel brut.

COMMENT L'UTILISER ?

Étapes

1. **Identifier une variable dépendante et une variable indépendante.** La relation entre les deux doit être causale : la variable indépendante doit expliquer la variable dépendante, c'est-à-dire que des variations dans la variable indépendante doivent engendrer des variations dans la variable dépendante. La variable dépendante doit impérativement être quantitative.
2. **Effectuer l'analyse**. L'outil suivant indique les commandes pour les logiciels les plus courants.
3. **Interpréter le coefficient directeur** (paramètre *a*, fournie par le logiciel) comme effet de la variable indépendante sur la variable dépendante.

Le logiciel indique aussi si cette constante doit être considérée comme significativement différente de zéro ou pas. Si elle n'est pas significativement différente de zéro, il faut en déduire que la variable indépendante ne joue finalement pas sur la variable dépendante. Il est fréquent que la régression linéaire aboutisse au cas où l'effet de la variable indépendante sur la variable dépendante n'est pas significatif. Ce type de résultat ne doit pas être considéré comme inintéressant. En effet, il est toujours pertinent et enrichissant de montrer une absence de lien entre deux variables.

Méthodologie et conseils

La qualité d'un modèle peut être mesurée grâce à un indicateur numérique, le R2. Cet indicateur, compris entre 0 et 1, se fonde sur les écarts entre les points et la droite, et représente le pourcentage d'information contenue dans les données captée par l'équation de la droite.

Plus le R2 est proche de 1, plus le modèle (la droite) est proche de la réalité.

Avant de vous lancer...

- ✓ Maîtrisez bien la différence entre variable dépendante et indépendante.
- ✓ Les deux outils suivants (régression linéaire multiple et régression logistique multiple) correspondent aussi à des modèles de régression, mais mobilisent plusieurs variables indépendantes.

Outil 29 La régression linéaire multiple

« Toutes choses égales par ailleurs » : traduction de l'expression latine « ceteris paribus sic stantibus ».

En quelques mots

La **régression linéaire multiple** s'inscrit dans un raisonnement **« toutes choses égales par ailleurs »**. Un phénomène (variable dépendante) est souvent dû à de multiples facteurs (variables indépendantes). Par exemple, le fait pour un individu d'acheter un produit est déterminé à la fois par son profil (genre, âge, revenu, etc.), par les caractéristiques du produit (prix, qualité, etc.), par les campagnes publicitaires qui ont été lancées. Or, ces différents facteurs peuvent interagir entre eux. Il est donc intéressant de raisonner en isolant l'effet de chaque facteur, ce qui nécessite de raisonner **« à profil identique »** : à profil identique (genre, âge, revenu, etc.), un individu qui a été exposé à une campagne de publicité a-t-il plus de probabilité d'acheter le produit qu'un individu qui n'y a pas été exposé ? La régression linéaire multiple repose sur ce raisonnement. Les tableaux de résultats donnent pour chaque facteur le paramètre associé, en contrôlant l'effet des autres facteurs du modèle.

LA RÉGRESSION LINÉAIRE MULTIPLE

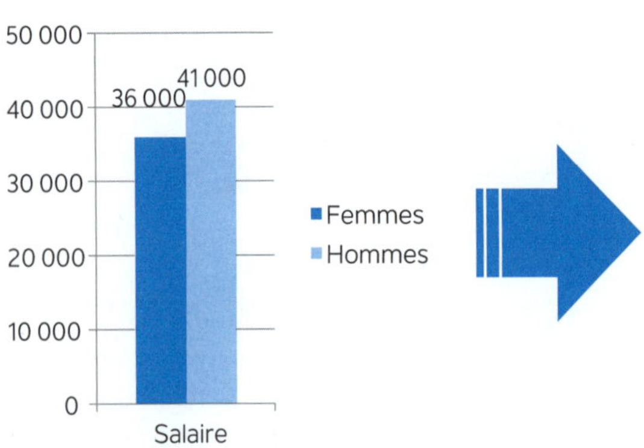

Variables/Facteurs explicatifs/ Déterminants	Effet isolé (coefficient, paramètre)
Genre : Femme Homme	 -500 Réf.
Diplôme : Bac + 5 et plus Bac + 3 – Bac + 4 Bac – Bac + 2 Inf. à bac	 +1000 +700 +200 Réf.
Domaine de métier : Technique Commercial Support	 +200 0 (non-significatif) Réf.
Temps de travail : Temps plein Temps partiel	 + 2000 Réf.
Etc.	

POURQUOI L'UTILISER ?

Objectifs

Utiliser la régression linéaire vise trois objectifs :

- Isoler l'effet d'une variable sur une autre.
- Identifier les déterminants d'une variable : le tableau présenté ci-contre montre que le genre, le niveau de diplôme, le domaine professionnel, le temps de travail, sont bien des déterminants du salaire.
- Prédire une situation.

Contexte

De nombreux phénomènes, en management comme dans d'autres domaines, sont multifactoriels, au sens où ils dépendent de plusieurs facteurs (ou variables).

L'exemple ci-contre porte sur le salaire. Le salaire d'un individu dépend d'une multitude de facteurs déterminants, dont son diplôme, son âge, le métier qu'il occupe, le temps de travail... mais aussi malheureusement son genre.

Dès lors, il est souvent pertinent de mobiliser une méthode permettant d'isoler les effets de chaque variable séparément. Ainsi, dans l'exemple ci-contre, le graphique montre que l'écart de salaire global est de 5 000 € annuels (les femmes gagnent en moyenne 36 000 € contre 41 000 € pour les hommes).

Mais une partie de cet écart est liée au fait que les femmes et les hommes n'ont pas toujours les mêmes caractéristiques. L'écart à profil identique, appelé effet pur, ou effet isolé du genre sur le salaire, s'élève à 500 € : à profil identique, une femme gagne en moyenne 500€ de moins qu'un homme. Ainsi, on peut prédire le salaire d'un individu en lui appliquant les paramètres indiqués dans le tableau ci-contre.

COMMENT L'UTILISER ?

Étapes

1. **Définir la variable d'intérêt** (ou variable dépendante, ou à expliquer) : ci-contre, le salaire.
2. **Définir les variables indépendantes** (explicatives) : ci-contre, le genre, le diplôme, le domaine professionnel, le temps de travail. Cette étape peut nécessiter de formuler des hypothèses sur des liens entre variables.
3. **Utiliser un logiciel adapté** pour réaliser la régression linéaire multiple : Excel permet d'en faire, de même que R, SAS, SPSS, Stata.
4. **Interpréter les résultats** : significativité de chaque variable et signe du coefficient – sans oublier que l'on raisonne « toutes choses égales par ailleurs ».
5. **Présenter les résultats** : veiller à la pédagogie !

Méthodologie et conseils

La régression linéaire multiple ne fonctionne que si la variable à expliquer, ou variable d'intérêt (le salaire dans l'exemple ci-contre) est une variable quantitative (voir outil 14).

Si la variable à expliquer est qualitative binaire, il faut privilégier une régression logistique multiple (voir outil suivant).

Suite outil 29 →

Avant de vous lancer...

- ✓ La régression linéaire multiple suppose de raisonner « toutes choses égales par ailleurs », c'est-à-dire en isolant l'effet d'un facteur sur un autre et en contrôlant l'effet des autres facteurs explicatifs.
- ✓ Elle nécessite de bien définir la variable que l'on cherche à expliquer (la probabilité d'achat d'un produit, le salaire, etc.) et les variables explicatives (profil de l'individu, par exemple).

La régression linéaire multiple

COMMENT ÊTRE PLUS EFFICACE ?

Bien définir les variables mobilisées

Il est capital de bien définir les variables explicatives (les déterminants, ou variables indépendantes).
En effet, étant donné que la régression linéaire multiple vise à raisonner à profil identique, bien construire ces profils identiques est un facteur clé de la bonne qualité du modèle.
Ainsi, il serait peu efficace de proposer un modèle explicatif du salaire ne tenant pas compte du niveau de diplôme, sachant que le salaire dépend beaucoup du diplôme.

Ne pas hésiter à tester plusieurs modèles

Vous pouvez tester plusieurs modèles avec différentes variables indépendantes (ou explicatives). Pour sélectionner le meilleur modèle, vous pouvez à la fois utiliser un critère indiquant la proximité entre le modèle et la réalité (le R2 présenté dans l'outil précédent), mais aussi la possibilité pour vous de bien interpréter le modèle.
Il est souvent peu efficace de proposer un modèle avec un très grand nombre de variables explicatives, mais que l'on a du mal à interpréter.

Bien interpréter les résultats

Certains effets peuvent ne pas être significatifs. Par exemple, dans le tableau, travailler dans le domaine commercial n'apporte pas de salaire significativement différent par rapport au fait de travailler dans le domaine des fonctions supports.
En ce qui concerne les effets significatifs, les coefficients se lisent quasiment de la même façon que pour la régression linéaire simple, mais en raisonnant « à profil identique » ou « toutes choses égales par ailleurs ». Un coefficient positif associé à un facteur indique que ce facteur augmente la variable à expliquer. Un coefficient négatif associé à un facteur indique que ce facteur diminue la variable à expliquer.
Le coefficient indique l'ampleur de cette augmentation. Par exemple, dans le tableau, à profil identique, un individu qui dispose d'un diplôme de niveau Bac + 5 et plus bénéficie en moyenne d'un salaire supérieur de 1 000 € à un individu qui n'a pas le bac (« réf. » indiquant qu'il s'agit de la modalité de référence, celle à laquelle on compare les autres modalités de la variable).

Bien présenter les résultats

Selon le type de restitution voulu (voir dossiers 7 et 8), il peut être préférable de présenter les résultats sous forme de tableau, comme ci-contre, ou sous forme de graphique, ou sous forme littérale.
Les dossiers 7 et 8 apportent des clés pour une présentation plus efficace des résultats.

Bien mobiliser les logiciels et les commandes basiques

- Sous Excel : Utilitaire d'analyse > Régression linéaire
- Sous R : lm(Y~X1+X2+X3, ...)
- Sous R avec le package (gratuit) Rcmdr : Statistiques > Ajustement de modèles > Modèle linéaire
- Sous SAS : proc reg
- Sous SPSS : Analyse > Régression > Linéaire
- Sous Stata : regress y x1 x2 x3

Exercices

Effectuer une régression linéaire multiple

Exercice 1 : Bien définir les variables mobilisées

> Dans le tableau sur le salaire présenté en illustration, que manque-t-il comme variables explicatives du salaire ?

Variables / Facteurs explicatifs / Déterminants	Effet isolé (coefficient, paramètre)
Genre : Femme Homme	 -500 Réf.
Diplôme : Bac + 5 et plus Bac + 3 – Bac + 4 Bac – Bac + 2 Inf. à bac	 +1000 +700 +200 Réf.
Domaine de métier : Technique Commercial Support	 +200 0 (non-significatif) Réf.
Temps de travail : Temps plein Temps partiel	 + 2000 Réf.
Etc.	

....

....

Réponses possibles : l'âge, l'ancienneté, l'expérience professionnelle, le lieu de travail…

Exercice 2 : Bien interpréter les résultats

> Interpréter chaque coefficient du tableau présenté en illustration.

....

....

Exercice 3 : Bien présenter les résultats

> Réfléchir à la manière dont les résultats du tableau pourraient être présentés :

1. Sous forme graphique.

2. Sous forme littérale.

Exercice 4 : Effectuer et interpréter la régression linéaire multiple

> Sur la Base 1 (disponible dans les ressources numériques en ligne), identifier les déterminants du salaire fixe en mobilisant une régression linéaire multiple.

Outil 30 La régression logistique multiple

> La principale différence entre régression linéaire et régression logistique réside dans le type de la variable dépendante (qualitative binaire et non quantitative).

En quelques mots

Nous avons vu que la régression linéaire, simple ou multiple, ne fonctionne que si la variable dépendante est quantitative.
Dans le cas où cette variable est **binaire** (deux modalités), il faut recourir à un autre type de régression : la **régression logistique**. Fondée sur le même principe que la régression linéaire, elle présente des spécificité, notamment dans la manière dont les résultats sont présentés.

LA RÉGRESSION LOGISTIQUE

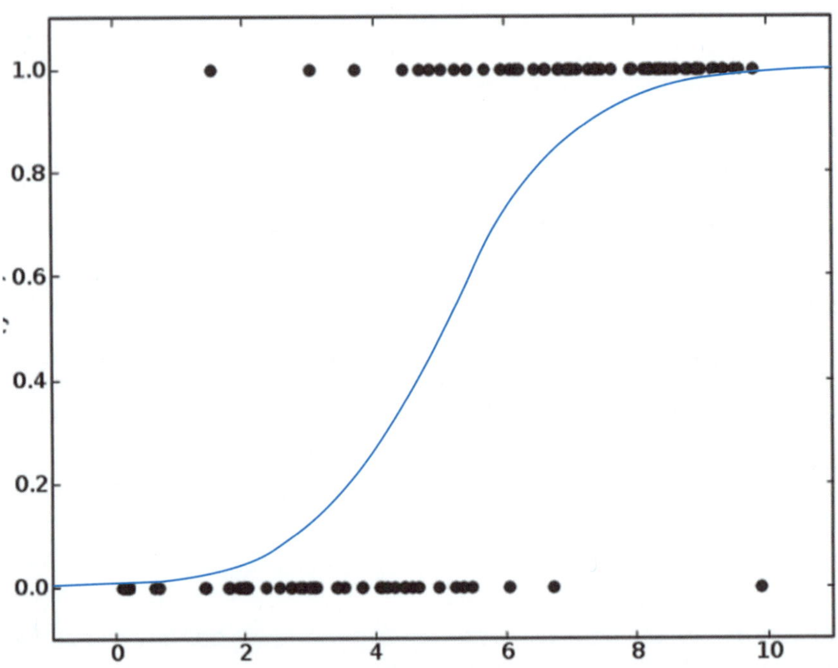

Schéma emprunté à http://cvxopt.org/examples/book/logreg.html

POURQUOI L'UTILISER ?

Objectif

Utiliser la régression logistique vise les mêmes objectifs que la régression linéaire, mais pour les cas où la variable dépendante est binaire.

Contexte

Quand la variable dépendante n'est pas quantitative mais binaire, faire passer une droite au milieu du nuage de points perd en pertinence, comme le graphique ci-contre le montre : la forme de la droite n'est pas adaptée à la forme du nuage de points.
En revanche, la forme de la fonction logistique (courbe en bleu sur le graphique) est beaucoup plus adaptée. On parle alors de régression logistique. Le modèle mobilisé par le logiciel pour estimer les coefficients sera donc différent du modèle mobilisé pour la régression linéaire.
Dans le cas de la régression logistique, les logiciels fournissent des coefficients qui s'interprètent de façon un peu différente des coefficients de la régression linéaire : seul le signe des coefficients bruts peut être interprété (signe positif : effet positif de la variable indépendante sur la variable dépendante; signe négatif : effet négatif).
La qualité du modèle se lit non pas avec le R2, comme pour la régression linéaire, mais entre autres en comparant, sur une partie de l'échantillon non mobilisée pour produire les coefficients du modèle, si ce dernier classe bien les individus (c'est-à-dire prédit bien la valeur de la variable dépendante).

COMMENT L'UTILISER ?

Étapes

1. **Définir la variable d'intérêt** (ou variable dépendante, ou à expliquer), qui doit être binaire.
Par exemple, le fait d'être manager ou pas, ou le fait d'avoir acheté un produit ou pas.
2. **Définir les variables indépendantes** (explicatives), qui influent sur la variable dépendante : pour le fait d'être manager, le genre, le diplôme, l'expérience professionnelle, l'ancienneté, etc.
Cette étape peut nécessiter de formuler des hypothèses sur des liens entre variables.
3. **Utiliser un logiciel adapté** pour réaliser la régression logistique : Excel permet d'en faire, de même que R, SAS, SPSS, Stata.
4. **Interpréter les résultats** : significativité de chaque variable et signe du coefficient – sans oublier que l'on raisonne « toutes choses égales par ailleurs ».
5. **Présenter les résultats** : attention à la pédagogie !

Méthodologie et conseils

Commandes pour les différents logiciels :

- Excel : nécessite xlstat
- Sous R : multinom(Y~X1+X2+X3, ...)
- Sous R avec le package (gratuit) Rcmdr : Statistiques > Ajustement de modèles > Modèle Logit multinomial
- Sous SAS : proc logistic
- Sous SPSS : Analyse > Régression > Logistique binaire
- Sous Stata : logit y x1 x2 x3

Suite outil 30 →

Avant de vous lancer...

✓ **La régression logistique se fonde sur le même principe que la régression linéaire, et repose aussi sur un raisonnement « toutes choses égales par ailleurs ».**

✓ **Elle nécessite de bien définir la variable que l'on cherche à expliquer (le fait de démissionner, de retourner un produit, par exemple) et les variables explicatives (profil de l'individu, par exemple).**

La régression logistique multiple

COMMENT ÊTRE PLUS EFFICACE ?

Bien définir les variables mobilisées

De même que pour la régression linéaire multiple, bien définir les variables explicatives (les déterminants, ou variables indépendantes) est capital. En effet, étant donné que la régression logistique vise à raisonner à profil identique, bien construire ces profils identiques est un facteur clé de la bonne qualité du modèle.

Ainsi, il serait peu efficace de proposer un modèle explicatif du fait d'acheter un produit de luxe ne tenant pas compte du revenu, sachant que l'achat ou non d'un produit de luxe dépend en grande partie du revenu.

Ne pas hésiter à tester plusieurs modèles

Vous pouvez tester plusieurs modèles avec différentes variables indépendantes (ou explicatives). Les critères de sélection des modèles ne sont pas les mêmes que pour la régression linéaire multiple. Vous pouvez tout d'abord considérer la proportion de cas bien classés par le modèle (ce critère est parfois appelé « matrice de confusion » dans les logiciels).

D'autres critères peuvent être fournis par les logiciels : aire sous la courbe ROC (si elle est inférieure à 0,7, cela signifie que le modèle n'est pas de très bonne qualité, et plus elle se rapproche de 1, plus le modèle est de bonne qualité), AIC (critère d'Akaïke, qui prend en compte le nombre de variables du modèle et cherche à le minimiser).

Il faut aussi tenir compte de la possibilité de bien interpréter le modèle. Il est souvent peu efficace de proposer un modèle avec un très grand nombre de variables explicatives, mais que l'on a du mal à interpréter.

Bien interpréter les résultats

Comme pour la régression linéaire, commencez par considérer quelles sont les variables significatives. Ensuite, pour celles-ci, seul le signe du coefficient brut peut être interprété : un coefficient négatif signifie que la variable ou modalité a un effet négatif sur la probabilité de l'événement à expliquer (par exemple, sur le fait d'acheter le produit de luxe), alors qu'un coefficient positif signifie que la variable ou modalité a un effet positif.

Cependant, il est aussi possible de demander au logiciel de produire les *odds-ratios* (rapports de chance), qui sont plus précis : un ratio proche de 1 signifie que, toutes choses égales par ailleurs, la variable ou modalité considérée influe peu sur la probabilité d'occurrence de l'événement, et plus le ratio est supérieur (inférieur) à 1, plus la variable ou modalité considérée influe positivement (négativement) sur la probabilité d'occurrence de l'événement.

Bien présenter les résultats

Selon le type de restitution voulu (voir dossiers 7 et 8), il peut être préférable de présenter les résultats sous forme de tableau, sous forme de graphique, ou sous forme littérale. Les dossiers 7 et 8 apportent des clés pour une présentation plus efficace des résultats.

En cas de variable qualitative non binaire

Si la variable que vous souhaitez expliquer est qualitative à plus de deux modalités, il faut mobiliser une régression polytomique, non abordée dans ce manuel.

Exercices

Effectuer une régression logistique

Exercice 1 : Bien définir les variables mobilisées

> **Sur la Base 2 (disponible dans les ressources numériques en ligne), identifier les variables que vous pourriez mobiliser pour identifier les déterminants des retours de produits.**

....

....

• Réponses possibles : prix d'achat, rayon, fait d'avoir déjà acheté dans le magasin, satisfaction.

Exercice 2 : Effectuer et interpréter la régression logistique multiple

> **Effectuer ensuite la régression logistique avec le logiciel de votre choix.**

Exercice 3 : Bien interpréter les résultats

> **Quelles sont les variables ou modalités significatives ? Influent-elles positivement ou négativement sur la probabilité de retourner un produit ?**

....

....

• Réponse : seul le rayon « téléphonie » est significatif : il influe très négativement sur la probabilité de retourner son produit. Les autres modalités ou variables n'ont pas d'influence significative toutes choses égales par ailleurs sur la probabilité de retourner son produit.

Exercice 4 : Bien présenter les résultats

> **Réfléchir à la manière dont ces résultats pourraient être présentés :**

1. Sous forme de tableau.

2. Sous forme littérale.

DOSSIER 6

MESURER LES EFFETS DES POLITIQUES MISES EN PLACE

“

La Politique a pour fin, non pas la connaissance, mais l'action.

Aristote

Les organisations définissent et mettent en place des politiques ou ensembles d'actions dans de nombreux domaines : ressources humaines, marketing, communication, système d'information…

Ces politiques visent le changement, l'évolution : gagner des parts de marché, améliorer la satisfaction des clients, fidéliser les salariés, renforcer l'usage d'outils digitaux, par exemple.

Dès lors, il devient pertinent d'évaluer si le changement visé a été atteint par la politique menée, de façon à adapter cette dernière et ainsi d'améliorer de façon incrémentale la gestion de l'organisation.

Les problèmes auxquels est confrontée l'évaluation des politiques

Pour mesurer les effets des politiques, l'approche la plus simple consiste à définir en amont des objectifs chiffrés et de mesurer leur atteinte.

Cependant, cette approche néglige l'existence d'effets de conjoncture et de structure et peut donc être biaisée.

L'un des principaux obstacles à l'évaluation des politiques réside en effet dans le fait qu'il peut être extrêmement difficile d'isoler l'effet de la politique par rapport à d'autres effets.

Des effets de conjoncture (liés au contexte) et de structure (liés à la structure de la population) peuvent ainsi entrer en jeu et engendrer des évolutions indépendamment des politiques mises en place.

Dès lors, comment s'assurer que l'évolution éventuellement mesurée est bien due à la politique mise en place, et pas à d'autres éléments ?

Différentes approches

D'autres méthodes existent, dont l'enjeu principal consiste donc à isoler l'effet de ces politiques par rapport aux effets de conjoncture et de structure. Nous présentons dans ce dossier les principales méthodes : approche par les projections, approche expérimentale, approche « toutes choses égales par ailleurs ».

Les outils

Outil 31

Définir des objectifs chiffrés

“ Une politique non assortie d'objectifs chiffrés risque de rester lettre morte.

En quelques mots

Définir une politique suppose au préalable de définir ce que la politique vise à changer. Il est ensuite conseillé d'assortir la politique d'objectifs chiffrés, qui vont permettre de mesurer à la fois sa mise en œuvre effective et l'atteinte des objectifs génériques visés.

Les objectifs chiffrés peuvent donc être de deux sortes :

- **objectifs d'implémentation** : objectifs visant à mesurer si les différentes actions prévues par la politique ont bien été mises en œuvre par les acteurs concernés ;
- **objectifs d'efficacité** : objectifs visant à mesurer si la politique a atteint les objectifs qu'elle visait.

DIFFÉRENTS TYPES D'OBJECTIFS

Types d'objectifs	Exemples	Si résultat négatif
Implémentation *La politique a-t-elle été bien mise en place ?*	• Nombre de mails commerciaux envoyés • Nombre d'entretiens individuels réalisés • % de salariés formés	Renforcer l'implémentation de la politique *Formations, contrôles...*
Efficacité *La politique a-t-elle atteint ses objectifs ?*	• Hausse du nombre d'achats • Diminution du nombre de démissions • Hausse de l'usage d'un outil	Modifier la politique

POURQUOI L'UTILISER ?

Objectif

Bien utiliser les objectifs chiffrés pour évaluer les effets d'une politique.

Contexte

Plusieurs objectifs chiffrés différents peuvent être définis pour l'implémentation et pour l'efficacité, selon la complexité de la politique.
Il faut veiller à ne pas se fixer des objectifs chiffrés inatteignables. Pour cela, il est nécessaire entre autres de bien prêter attention à l'évolution des chiffres dans le temps.
Enfin, il faut bien garder à l'esprit que l'évolution de chiffres peut être due à des effets de conjoncture ou de structure étrangers à la politique menée (voir outils suivants).

COMMENT L'UTILISER ?

Étapes

1. **Bien définir les objectifs génériques** visés par la politique.
2. **Définir la politique**.
3. **Définir des objectifs chiffrés précis** d'implémentation et d'efficacité.
4. Une fois la politique mise en place, **mesurer l'atteinte des objectifs**.
5. **Prendre des décisions** sur la base de cette mesure.

Méthodologie et conseils

Définir des objectifs génériques constitue une étape préalable essentielle à la définition d'une politique.
Une fois ces objectifs globaux et la politique déterminés, il est pertinent de définir des objectifs chiffrés précis mesurant deux éléments : tout d'abord, la politique est-elle effectivement mise en place par les acteurs locaux ? Ainsi, si une politique commerciale contient comme action l'envoi de courriels de relance aux clients n'ayant pas finalisé un achat sur Internet, il est nécessaire de définir un objectif d'implémentation lié à l'envoi effectif de ces e-mails (nombre d'e-mails envoyés par exemple).
Ensuite, il faut mesurer si l'objectif générique a été atteint. Dans l'exemple précédent, il s'agirait de mesurer la hausse des achats de clients, ou la baisse du pourcentage d'achats non finalisés. L'atteinte de ces différents objectifs peut être mesurée une fois la politique mise en place.
Si les objectifs d'implémentation ne sont pas atteints, cela signifie qu'il y a des difficultés dans la mise en place de la politique par les acteurs, ce qui peut indiquer que des actions de formation ou de contrôle par exemple sont nécessaires pour améliorer cette mise en place.
Si les objectifs d'implémentation sont atteints mais que les objectifs d'efficacité ne le sont pas, cela signifie que la politique définie n'est pas efficace en l'état : il faut donc la modifier.

Suite outil 31 →

Avant de vous lancer...

✓ **Définissez bien les objectifs génériques de la politique.**

✓ **Définissez à la fois des objectifs d'implémentation et d'efficacité. Si seuls des objectifs d'efficacité sont définis, dans l'éventualité où ils ne sont pas atteints, il ne sera pas possible de savoir si c'est en raison d'une mise en œuvre de la politique lacunaire ou d'un manque d'efficacité et de pertinence de la politique.**

✓ **L'atteinte ou non des objectifs permet ensuite de prendre des décisions visant à améliorer l'atteinte des objectifs génériques.**

Définir des objectifs chiffrés

COMMENT ÊTRE PLUS EFFICACE ?

Communiquer sur les objectifs

Pour favoriser la mise en œuvre de la politique par les différents acteurs, il peut être utile de communiquer sur les objectifs qui seront suivis et mesurés. Cela aide les acteurs à bien identifier ce qui est attendu d'eux et leur montre l'importance attachée par l'entreprise à la mise en œuvre de la politique. Cette communication peut prendre plusieurs formes : livrets d'explication, communication managériale, etc.

Prêter attention aux effets pervers des objectifs chiffrés

Cependant, définir des objectifs chiffrés et les communiquer aux acteurs concernés présente un risque de détournement, que l'on peut qualifier d'effet pervers de l'évaluation chiffrée. Les acteurs risquent en effet d'adopter des comportements leur permettant de maximiser l'atteinte de l'objectif sans pour autant correspondre à l'esprit de la mesure.

Par exemple, si vous demandez à chaque manager d'effectuer un entretien individuel avec chacun des membres de son équipe, et que vous informez les managers que vous suivrez le pourcentage de salariés ayant effectivement bénéficié d'un entretien individuel, il peut être tentant pour certains d'effectuer des entretiens individuels minimalistes, très rapides, de façon à assurer l'atteinte de l'objectif chiffré, ce qui ne respecte sans doute pas l'esprit de cette mesure qui vise à favoriser le dialogue entre salariés et managers. Éviter ces effets pervers est extrêmement difficile, voire impossible, car la définition d'indicateurs plus précis ou différents peut conduire à d'autres comportements tout aussi éloignés de l'esprit de la mesure. Il peut cependant être opportun de communiquer non pas seulement sur les objectifs chiffrés, mais aussi sur l'esprit des mesures définies et sur les raisons ayant conduit à leur définition, de façon à sensibiliser les individus à leur importance.

Définir la fréquence de suivi

La définition d'un objectif chiffré doit être assortie de la définition d'une fréquence de suivi. Au bout de combien de temps l'objectif sera-t-il mesuré ? Et par la suite, à quelle fréquence ? Les réponses à ces questions dépendent de l'objectif fixé.

Si l'objectif vise le long terme, il est inutile de prévoir une fréquence d'actualisation trop régulière. À l'inverse, si l'objectif est pensé à quelques mois, il peut être utile d'actualiser les indicateurs régulièrement (une fois par semaine ou une fois par mois), de façon à suivre la tendance de l'évolution avant la date limite et ainsi pouvoir définir des actions correctrices le cas échéant. La fréquence de suivi peut donc varier en fonction des objectifs pour une même politique.

Respecter les règles de définition d'un objectif chiffré

Un objectif chiffré représente une extension des indicateurs chiffrés. Il est donc conseillé de se reporter aux outils 15 à 17 pour un rappel des règles de définition et d'utilisation des indicateurs chiffrés : bien définir le périmètre, la source des données, la formule de calcul, etc.

Exercices

Déterminer des objectifs

Exercice 1 : Définir une politique

> Sur un des sujets ci-dessous, définir une politique d'entreprise.

1. Réduire l'abandon des processus d'achats sur un site de e-commerce.

2. Réduire le nombre de démissions.

3. Augmenter l'usage d'un réseau social interne par les salariés.

....

....

....

....

Exercice 2 : Définir des objectifs d'implémentation

> Définir les objectifs d'implémentation associés à la politique définie dans l'exercice 1.

....

....

....

....

• Astuce : vous pouvez définir un ou plusieurs objectifs/indicateurs pour chaque action prévue dans la politique. Les outils 16 et 17 pourront vous aider.

Exercice 3 : Définir des objectifs d'efficacité

> Définir les objectifs d'efficacité associés à la politique définie dans l'exercice 1.

....

....

....

....

• Astuce : vous pouvez définir plusieurs objectifs/indicateurs pour chaque objectif générique visé par la politique. Les outils 16 et 17 pourront vous aider.

Outil 32 Les effets de conjoncture et de structure

« Les effets d'une politique peuvent se mélanger aux effets de conjoncture et de structure.

En quelques mots

Une situation peut évoluer indépendamment des actions menées par l'entreprise. Par exemple, la part de marché, la trésorerie d'une entreprise, peuvent évoluer indépendamment de son action. Il en va de même pour les phénomènes humains : l'absentéisme, l'engagement ou le turn-over évoluent indépendamment des actions menées par les entreprises, en fonction entre autres du contexte socio-économique.
Deux effets notamment peuvent contribuer à ces évolutions :

- **effet de conjoncture** : la situation évolue du fait du contexte ;
- **effet de structure** : la situation évolue structurellement.

Ces deux effets rendent difficile l'évaluation des effets des politiques, et montrent que mesurer la seule évolution de la situation ne suffit pas.

DIFFÉRENTS TYPES D'OBJECTIFS

Type d'effet	Définition	Exemples
Effet de conjoncture	La situation évolue en fonction d'éléments contextuels non maîtrisés par l'entreprise.	*La situation économique nationale peut jouer sur les décisions d'achat des ménages indépendamment des politiques commerciales mises en place par les entreprises.* *Un taux de chômage élevé favorise la fidélisation des salariés indépendamment des actions menées par l'entreprise sur le sujet.*
Effet de structure	La situation évolue du fait de la structure de la population (des salariés, des clients, etc.).	*Le salaire moyen au sein d'une entreprise peut augmenter considérablement si le niveau de qualification des métiers augmente, indépendamment des politiques salariales décidées par l'entreprise.* *À l'inverse, le remplacement de salariés partis en retraite par des salariés moins bien payés car moins expérimentés conduit structurellement à une baisse du salaire moyen.*

POURQUOI L'UTILISER ?

Objectifs

- Comprendre les effets de conjoncture et de structure de façon à pouvoir les identifier.
- Définir des objectifs adaptés au regard de ces effets.

Contexte

La situation d'une entreprise peut évoluer, indépendamment des politiques qu'elle a mises en place.
Tenir compte des effets de conjoncture et de structure est nécessaire pour définir des objectifs chiffrés pertinents, c'est-à-dire atteignables si l'entreprise met en place des actions suffisamment ambitieuses. Par exemple, s'engager sur une hausse des ventes de produits dans un contexte économique défavorable risque d'aboutir à un échec.

COMMENT L'UTILISER ?

Étapes

1. **Bien maîtriser la définition de ces deux effets**.
2. **Repérer** comment les entreprises et leur gestion **peuvent être impactées** par chacun de ces deux effets. Ainsi, chaque indicateur de gestion que vous définissez (voir outils 15 et 16), comme le taux d'absentéisme ou le volume des ventes, ou encore le besoin en fonds de roulement, peut être impacté par des effets de conjoncture et de structure.
3. Si vous souhaitez définir une politique et des objectifs chiffrés**, tenir compte de ces effets** permet de limiter la probabilité de s'engager sur des objectifs chiffrés inatteignables.

Méthodologie et conseils

Les entreprises et leurs différentes parties prenantes (clients, salariés, pouvoirs publics, etc.) sont encastrées dans des écosystèmes beaucoup plus larges, à la fois sectoriels, nationaux, internationaux. L'activité des différentes fonctions de l'entreprise peut donc être impactée par des évolutions de ces écosystèmes. Par exemple, les clients d'une entreprise sont pris dans une conjoncture économique qui influe sur leurs dépenses indépendamment des politiques marketing ou commerciales menées par l'entreprise. De la même façon, les comportements de démission des salariés dépendent entre autres de la conjoncture sur le marché du travail.
Par ailleurs, les parties prenantes de l'entreprise ont une certaine composition, qui peut influer sur des phénomènes centraux pour l'entreprise.
Ainsi, la masse salariale d'une entreprise ne dépend pas que des politiques de rémunération définies et mises en place : elle dépend également des évolutions structurelles de sa population, liées par exemple à des évolutions progressives des qualifications ou de la gestion des départs à la retraite.
Imaginons ainsi une situation où une entreprise a une population proche de la retraite très féminisée, et une population plus jeune moins féminisée. Structurellement, si l'entreprise ne mène pas d'action, le taux de féminisation tendra à baisser dans les années à venir, car une catégorie très féminisée sera amenée à quitter l'entreprise.

Avant de vous lancer...

✓ **Prenez conscience du fait que l'entreprise est encastrée dans un écosystème qui la dépasse et que, en tant que telle, elle est soumise à des effets de conjoncture et de structure.**

✓ **Tenez compte des effets de conjoncture et de structure au moment de définir la politique et ses objectifs.**

Outil 33 Pourquoi isoler les effets d'une politique ?

> « L'approche qualitative peut difficilement être utilisée pour mesurer les effets d'une politique car elle ne peut pas indiquer de manière fiable ce qui se serait passé sans le programme.
>
> Guide France Stratégie

En quelques mots

Les effets de conjoncture et de structure présentés dans l'outil précédent peuvent faire évoluer la situation d'une entreprise **indépendamment des politiques mises en place**. Cela signifie que la mesure d'une évolution (par exemple, la mesure de l'atteinte des objectifs chiffrés) ne suffit pas à évaluer l'effet d'une politique.

En effet, les objectifs peuvent être atteints ou non en raison du contexte ou de la structure plus qu'en raison de la politique menée. C'est pourquoi l'un des enjeux de l'évaluation des politiques consiste à isoler leurs effets, c'est-à-dire à comparer ce qui s'est passé à ce qui se serait passé sans la mise en œuvre de la politique.

L'ÉVOLUTION DE LA SITUATION

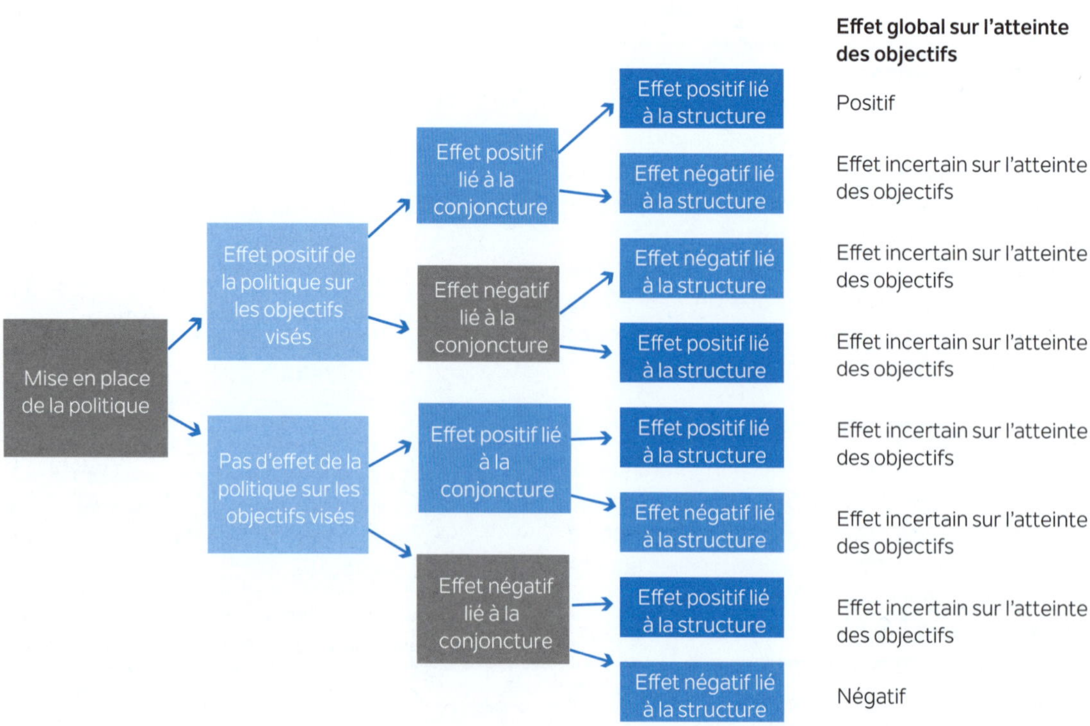

POURQUOI L'UTILISER ?

Objectif

Comprendre pourquoi il est important d'isoler l'effet d'une politique des effets de conjoncture et de structure.

Contexte

Comme nous l'avons vu dans l'outil précédent, la situation d'une entreprise peut évoluer en fonction d'effets de conjoncture et de structure, et pas uniquement en fonction des politiques mises en place.

Les effets des politiques mises en place peuvent donc être masqués ou au contraire renforcés par ces effets conjoncturels ou structurels, qui peuvent favoriser ou non l'atteinte des objectifs chiffrés.

COMMENT L'UTILISER ?

Étapes

1. Identifier en quoi **les effets de la politique définie par l'entreprise** peuvent se mélanger à des effets de conjoncture ou de structure.
2. **Utiliser des méthodes** visant à isoler l'effet de la politique des effets de conjoncture et de structure (voir outils 34 à 36).
3. **Ne pas surinterpréter** l'atteinte (ou au contraire la non-atteinte) des objectifs chiffrés : elle peut dépendre d'effets autres que la politique de l'entreprise.

Méthodologie et conseils

Supposons une situation où une politique définie par l'entreprise s'avère efficace : autrement dit, cette politique a un effet positif sur l'atteinte des objectifs qu'elle vise.

Cependant, dans le même temps, des effets de conjoncture et de structure peuvent aussi intervenir. Si ces effets vont dans le même sens que la politique, à savoir favorisent l'atteinte des objectifs (ex. : croissance économique au niveau national au moment où une entreprise cherche à augmenter ses ventes), il sera d'autant plus facile de les atteindre.

À l'inverse, si les effets de conjoncture ou de structure défavorisent l'atteinte des objectifs (ex. : récession), la somme combinée de ces trois effets (politique, conjoncture, structure) peut aller dans le sens d'une atteinte ou au contraire d'un éloignement des objectifs.

De la même façon, une politique inefficace, qui ne contribue pas à atteindre les objectifs visés, peut être compensée par des effets de conjoncture ou de structure qui eux favoriseraient l'atteinte des objectifs.

Ainsi, la simple mesure de l'atteinte des objectifs chiffrés ne permet pas vraiment d'évaluer l'efficacité propre de la politique.

Les approches présentées dans les outils 34 à 36 visent justement à isoler l'effet de la politique des effets de conjoncture et de structure.

Quand c'est possible, il faut les privilégier, plutôt que la simple mesure des objectifs chiffrés.

Avant de vous lancer...

✓ **Les effets d'une politique se mélangent souvent aux effets de conjoncture et de structure.**

✓ **La simple mesure de l'atteinte des objectifs chiffrés ne tient pas compte de cette éventualité.**

✓ **Elle risque donc de surestimer l'importance de la politique dans l'atteinte (ou non) des objectifs chiffrés.**

Outil 34 L'approche par les projections

> La prédiction est un exercice très compliqué, spécialement quand elle concerne le futur.
>
> Niels Bohr

En quelques mots

L'approche par les projections vise à contrôler les effets de conjoncture et de structure en les prédisant. Ainsi, les **prévisions économiques** fournies par des organismes économiques tels que l'INSEE permettent de formuler des hypothèses sur l'évolution conjoncturelle de la situation et ses effets sur l'entreprise, autrement dit de prédire l'effet conjoncturel. Par ailleurs, la **connaissance de la population** (des clients, des salariés, par exemple) peut également permettre d'anticiper l'effet structurel. L'effet résiduel peut alors être considéré comme dû à la politique mise en place.

EXEMPLE DE PROJECTIONS

Effets	Informations	Projections
Effets de conjoncture	Ralentissement de la croissance économique	Diminution du nombre de salariés (départs à la retraite non remplacés), peu de recrutements => difficile d'augmenter le taux de féminisation s'il y a peu de recrutements.
	Essor de la vente en ligne	Diminution du nombre de boutiques et donc de commerciaux (population généralement féminisée) => diminution mécanique du taux de féminisation.
Effets de structure	Population proche de la retraite très féminisée	Départ d'une population où les femmes sont surreprésentées => effet négatif sur le taux de féminisation de l'entreprise.
Conclusion : les effets de conjoncture et de structure se conjuguent pour rendre difficile l'augmentation du taux de féminisation. Il vaut donc mieux privilégier des objectifs chiffrés plus modestes mais atteignables à des objectifs ambitieux inatteignables.		

Population étudiée : salariés
Enjeu : augmenter le taux de féminisation de l'entreprise

POURQUOI L'UTILISER ?

Objectif

Utiliser des projections pour anticiper autant que possible les effets de conjoncture et de structure.

Contexte

Comme nous l'avons vu, les effets conjoncturels et structurels peuvent influer sur l'atteinte des objectifs. Pouvoir anticiper ces effets s'avère donc capital pour définir des objectifs ni trop ni trop peu ambitieux, mais aussi pour mesurer si la politique a été efficace ou non.

La projection des effets conjoncturels nécessite de recueillir différentes prévisions sur le contexte qui peut jouer sur l'atteinte des objectifs : prévisions économiques, juridiques, météorologiques, etc.

Ainsi, des objectifs chiffrés de fréquentation d'un festival à la suite de la mise en place d'une campagne de publicité dans les transports en commun et l'évaluation de l'efficacité de cette campagne doivent tenir compte du fait qu'une météo très mauvaise le jour du festival influera négativement sur la fréquentation (et positivement en cas de très beau temps).

La projection d'effets structurels nécessite de bien connaître la structure d'une population et ses évolutions prévisibles : départs à la retraite pour les salariés d'une entreprise, par exemple.

COMMENT L'UTILISER ?

Étapes

1. **Recueillir des informations** sur les prévisions conjoncturelles.
2. **Identifier** comment ces prévisions conjoncturelles peuvent jouer sur l'atteinte de l'objectif visé.
3. **Recueillir des informations** sur la structure de la population.
4. **Identifier** comment cette structure peut jouer sur l'atteinte de l'objectif visé.
5. **Définir des objectifs chiffrés** atteignables au regard de ces projections.
6. Une fois la politique mise en place, **soustraire les effets conjoncturels et structurels** de l'effet global pour obtenir l'effet de la politique.

Méthodologie et conseils

Il peut être délicat d'anticiper tous les effets conjoncturels et structurels.

Par ailleurs, même quand il devient possible de mesurer ce qui s'est effectivement passé, isoler véritablement les effets de la conjoncture, de la structure et de la politique reste confronté à de nombreuses difficultés méthodologiques.

Cette méthode permet en revanche de définir des objectifs chiffrés plus réalistes : en tenant compte des effets de conjoncture et de structure, il est possible de projeter la situation future, et donc de définir des objectifs visant à améliorer cette situation future, sans pour autant s'en éloigner trop.

Avant de vous lancer…

✓ Il est possible de formuler des hypothèses de projection des effets conjoncturels en recueillant des informations sur le contexte et les prévisions économiques, juridiques, etc.

✓ Il est possible de formuler des hypothèses de projection des effets structurels en recueillant des informations sur la structure de la population et comment elle va évoluer.

✓ Ces projections permettent de définir des objectifs plus atteignables et de ne pas surestimer l'effet seul de la politique mise en place.

Outil 35 L'approche expérimentale

> “ *Rien ne vaut l'expérimentation quand on se met à douter du réel.*
>
> Yolande Villemaire

En quelques mots

L'**approche expérimentale** consiste à mettre en place la politique pour une partie de la population seulement (**groupe expérimental « traité »**, au sens de : ayant bénéficié d'un traitement spécifique, en l'occurrence la politique), représentative du reste de la population.

Étant représentatif du reste de la population, le groupe traité sera soumis aux mêmes effets conjoncturels et structurels. La seule différence entre ce groupe traité et le reste de la population réside dans le fait d'avoir bénéficié de la politique. **Comparer** l'atteinte de l'objectif sur le groupe test et sur la population permet donc d'**isoler les effets de la politique**.

PROCÉDURE DE MISE EN PLACE D'UNE EXPÉRIMENTATION

Sélectionner un échantillon représentatif de la population.

✓ Tirage aléatoire idéalement.

→

Mettre en place la politique pour ce groupe uniquement.

✓ Veiller à ce que la mise en place de la politique pour ce groupe n'influe pas sur le reste de la population.

→

Comparer les résultats pour le groupe ayant bénéficié de la politique et le reste de la population.

✓ La différence entre les deux donne l'effet de la politique.

Éthique, déontologie

POURQUOI L'UTILISER ?

Objectif

Utiliser l'approche expérimentale pour bien isoler l'effet d'une politique des effets de conjoncture et de structure.

Contexte

L'approche expérimentale consiste à comparer deux populations, toutes deux soumises aux mêmes effets conjoncturels et structurels, mais l'une ayant bénéficié de la mise en place de la politique (groupe expérimental, de traitement), l'autre non (reste de la population).

Cela peut prendre par exemple les formes suivantes, selon les politiques définies :

- **pour une politique de formation de salariés** visant une augmentation de la performance : former uniquement un échantillon aléatoire de salariés et comparer l'évolution respective de performance de l'échantillon formé et du reste de la population;
- **pour une politique de refonte d'un site e-commerce,** de manière à faciliter le parcours d'achat : proposer la nouvelle version du site uniquement pour un échantillon aléatoire de clients, et comparer l'évolution respective d'indicateurs tels que les abandons de paniers ou le temps passé à réaliser un achat pour les clients ayant eu accès au nouveau site et les autres.

Pour s'assurer que le groupe expérimental est bien soumis aux mêmes effets conjoncturels et structurels que le reste de la population, la solution la plus rigoureuse consiste à tirer aléatoirement les personnes du groupe expérimental.

Si ce n'est pas possible, il faut viser d'avoir un groupe expérimental le plus représentatif possible de la population globale.

Par ailleurs, il faut veiller à ce que la mise en place de la politique pour le groupe expérimental n'influe pas sur le reste de la population, qui doit correspondre à une situation où la politique n'aurait pas été mise en place.

COMMENT L'UTILISER ?

Étapes

1. **Tirer au sort** le groupe expérimental.
2. **Appliquer la politique** à ce groupe, et pas au reste de la population.
3. **Mesurer l'évolution des indicateurs** visés pour le groupe expérimental et le reste de la population.
4. **Comparer ces deux évolutions** pour obtenir l'effet propre à la politique.

Méthodologie et conseils

La méthode expérimentale peut se trouver confrontée à des enjeux éthiques. Est-il juste de n'appliquer la politique qu'à un groupe de personnes? Comment informer ces personnes? etc.

Il est impératif de respecter des règles déontologiques et éthiques tout au long du processus :

- informer les personnes ;
- permettre la sortie hors de l'expérimentation ;
- ne pas transformer les personnes bénéficiant de la politique en un petit groupe de privilégiés en prolongeant la séparation entre les deux populations plus longtemps que nécessaire ;
- etc.

Avant de vous lancer...

✓ **La méthode expérimentale est une des méthodes permettant, si elle est menée rigoureusement, d'isoler l'effet d'une politique des effets de conjoncture et de structure.**

✓ **Elle pose cependant des enjeux éthiques qui peuvent la rendre difficilement applicable en situation d'entreprise réelle.**

Outil 36 L'approche « toutes choses égales par ailleurs »

> « Toutes choses égales par ailleurs » : étudier la variation d'un seul paramètre, en contrôlant les variations d'autres facteurs.

En quelques mots

S'il n'est pas possible de réaliser une expérimentation aléatoire et donc d'obtenir un groupe traité représentatif de la population, il peut être utile de mobiliser le raisonnement **« toutes choses égales par ailleurs »**. Comme indiqué dans les outils 29 et 30, ce raisonnement vise à **isoler** l'effet d'une variable sur une autre en contrôlant les effets d'autres variables. Il peut donc être mobilisé pour isoler l'effet d'une politique sur l'objectif visé, en contrôlant les éventuelles autres différences entre le groupe traité et le reste de la population.
La principale difficulté de cette approche réside dans l'identification des variables permettant de contrôler ces différences.

MISE EN ŒUVRE DE L'APPROCHE « TOUTES CHOSES ÉGALES PAR AILLEURS »

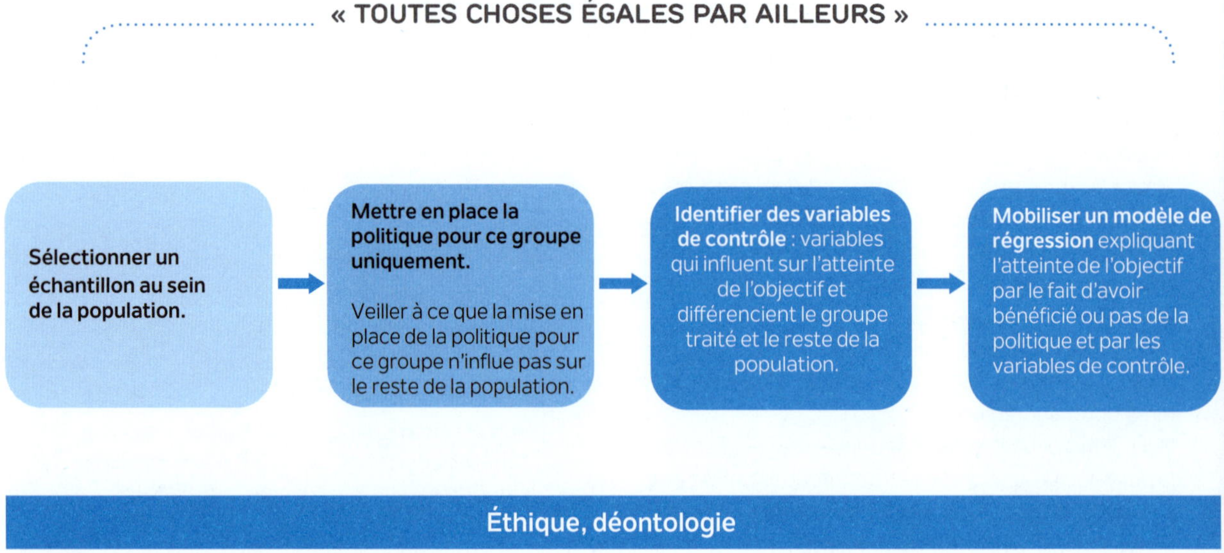

POURQUOI L'UTILISER ?

Objectif

Utiliser le raisonnement « toutes choses égales par ailleurs » et les méthodes de régression pour évaluer l'effet d'une politique en l'isolant des effets de conjoncture et de structure.

Contexte

L'approche expérimentale nécessite que le groupe traité soit représentatif de la population. S'il ne l'est pas, il risque d'être soumis à des effets de conjoncture et de structure différents de ceux auxquels le reste de la population est soumis, ce qui peut fausser l'évaluation de l'effet de la politique.
S'il n'est pas possible d'obtenir un groupe représentatif, il peut être pertinent de conserver le principe de mettre en œuvre la politique pour un groupe seulement, mais en mobilisant ensuite le raisonnement « toutes choses égales par ailleurs » (voir outils 29 et 30). Il consiste à estimer l'effet d'une variable en contrôlant l'effet d'autres variables. Il est donc adapté pour contrôler les éventuelles différences entre le groupe et le reste de la population. Le modèle de régression sera alors constitué des variables suivantes :

- Variable à expliquer (dépendante) : objectif visé.
- Variables explicatives (indépendantes) : elles contiendront à la fois la variable dont on cherche à mesurer l'effet (la mise en œuvre de la politique, « oui » pour le groupe traité, « non » pour le reste de la population) et les variables que l'on cherche à contrôler (les autres sources de différences entre le groupe traité et le reste de la population : genre, âge, revenu, niveau de diplôme, métier exercé, etc., selon le sujet choisi).

COMMENT L'UTILISER ?

Étapes

1. **Identifier un groupe** qui va bénéficier de la politique parmi la population globale.
2. **Mettre en place la politique** pour ce groupe uniquement.
3. **Mesurer l'atteinte de l'objectif** pour le groupe ayant bénéficié de la politique et le reste de la population.
4. **Identifier les variables de contrôle** : des variables autres que la mise en place de la politique, qui peuvent jouer sur l'atteinte de l'objectif et peuvent différencier le groupe ayant bénéficié de la politique et le reste de la population.
5. **Mobiliser un modèle de régression** avec comme variable dépendante l'objectif visé et comme variables indépendantes le fait d'avoir bénéficié ou non de la politique et les variables de contrôle.

Méthodologie et conseils

La principale difficulté de cette approche réside dans l'identification des variables de contrôle, qui doivent permettre d'évacuer les effets liés aux différences entre les groupes autres que le fait d'avoir bénéficié ou non de la politique.
Cette identification dépend du sujet :

- s'il porte sur des achats par exemple, mobiliser le revenu semble essentiel ;
- s'il porte sur des sujets liés aux ressources humaines, mobiliser le métier semble nécessaire ;
- etc.

Suite outil 36 →

Avant de vous lancer...

✓ **L'approche « toutes choses égales par ailleurs », combinée à la mise en œuvre d'une politique pour un groupe seulement, permet d'isoler l'effet de cette politique mais nécessite de bien identifier les variables de contrôle pertinentes.**

Suite outil 36

L'approche « toutes choses égales par ailleurs »

COMMENT ÊTRE PLUS EFFICACE ?

Choisir une méthode adaptée

La méthode (projections, approche expérimentale, approche « toutes choses égales par ailleurs ») doit être choisie en fonction de la manière dont la politique a été mise en œuvre, du contexte et des données disponibles.

Ainsi, s'il est impossible de réserver la politique à certaines personnes seulement, les approches expérimentales et « toutes choses égales par ailleurs » ne seront pas adaptées. Il faudra donc passer par des projections.

Dans ce cas, il faut recueillir le plus d'informations possible sur l'évolution du contexte socio-économique (prévisions économiques et sociales fournies par des organismes publics par exemple) et sur les caractéristiques de la population et donc la manière dont elle évoluera dans les prochaines années (départs à la retraite par exemple, si on se situe dans le cadre d'une organisation de travail).

S'il n'est pas possible de recueillir des informations sur la population, il faudra privilégier une approche expérimentale.

Cela suppose de pouvoir appliquer la politique à un échantillon aléatoire de la population, ce qui n'est pas toujours possible.

Ce type d'approche peut cependant être très utile pour les évolutions de sites Internet (sachant que les sites Internet ne disposent pas toujours d'informations sur les caractéristiques individuelles de leurs visiteurs) : il suffit de proposer une version nouvelle du site à un échantillon aléatoire de visiteurs, et l'ancienne version au reste des visiteurs.

Identifier l'ensemble des facteurs contribuant à l'effet de conjoncture

L'effet de conjoncture est lié entre autres au contexte socio-économique (à la « conjoncture »). Pour identifier cet effet, il faut connaître l'ensemble des variables conjoncturelles qui peuvent jouer sur la situation. Ces variables dépendent du type de situation. Par exemple, si une entreprise met en place une politique visant à diminuer le taux de démission de ses salariés, elle devra tenir compte du contexte du marché de l'emploi : si le taux de chômage évolue à la hausse, cela peut conduire à une diminution du taux de démission, indépendamment des actions que l'entreprise peut mettre en place.

Identifier l'ensemble des facteurs contribuant à l'effet de structure

L'effet de structure est lié aux caractéristiques de la population. Encore une fois, les caractéristiques à prendre en compte dépendent du type de politique mise en place. Par exemple, si une entreprise cherche à mettre en place des actions visant à augmenter son taux de féminisation, il faudra tenir compte des caractéristiques de la population pouvant jouer sur ce taux, indépendamment des actions mises en place. Notamment, si la population des salariés proches de la retraite est plus féminisée que le reste de la population, cela conduit à une réduction mécanique du taux de féminisation dans les prochaines années. Il faut donc identifier les caractéristiques de la population pouvant conduire à une évolution de la situation indépendamment de la politique menée.

Cas d'entreprise

Évaluer l'effet d'une politique

L'entreprise Alpha emploie 50 000 personnes dans le secteur informatique. Parmi ces 50 000 personnes, 25 % sont des femmes et 75 % ont moins de 35 ans. Il y a un taux de turn-over élevé : en moyenne, les salariés restent 4 ans dans l'entreprise. Cela s'explique en partie par le fait que le secteur de l'informatique est très tendu : les entreprises cherchent à recruter des profils spécialisés qui restent encore rares sur le marché. Cependant, la dirigeante de l'entreprise souhaite diminuer le taux de turn-over qui coûte très cher, car elle doit continuellement recruter et former de nouveaux profils, et qui donne une mauvaise image de l'entreprise.

Dans cette optique, elle commandite une étude par questionnaire pour savoir quelles actions l'entreprise pourrait mener. Cette enquête, conduite auprès des personnes ayant récemment quitté l'entreprise, porte donc sur les motifs les ayant poussées à démissionner. L'échantillon final est constitué de 250 répondants.

Les facteurs suivants ressortent :

Facteur	% de répondants estimant qu'il s'agit d'un facteur « important » dans leur choix de démissionner
Missions plus intéressantes ailleurs	77%
Possibilités de gagner en compétences plus élevées ailleurs	71%
Vision sur l'évolution de carrière plus prometteuse ailleurs	58%
Salaire proposé plus élevé ailleurs	51%

La direction en déduit donc qu'il faut travailler sur l'intérêt des missions, la formation et la montée en compétences des salariés, et l'évolution de carrière. Pour cela, plusieurs actions sont mises en place :

- Les missions sont attribuées non pas selon le bon vouloir des managers uniquement, mais à la suite d'un échange entre salarié et manager.
- Un dispositif de formation interne par les pairs est mis en place, ainsi qu'un budget spécifique consacré à la formation externe : des partenariats avec des écoles d'informatique sont mis en place pour permettre aux salariés de suivre des formations courtes sur des langages informatiques ou des logiciels spécifiques.
- Un temps d'échange annuel est instauré entre managers et salariés sur les questions d'évolution de carrière : possibilités de mobilité, de promotion, souhaits du salarié.

La direction décide de proposer ce programme dans un premier temps uniquement au département ayant le taux de turn-over le plus élevé. Deux ans après, au moment de décider si le programme doit être étendu à l'ensemble des salariés, un bilan est fait.

Ce bilan repose sur une approche « toutes choses égales par ailleurs ». L'étude vise à mesurer si, à profil identique, les salariés ayant bénéficié du programme ont moins démissionné que les autres. Pour cela, les variables expliquant le plus les démissions sont mobilisées : genre, âge, diplôme, spécialité, maîtrise de l'anglais, niveau de responsabilité, salaire, ancienneté. Évidemment, le département de travail ne peut pas être mobilisé comme variable de contrôle, puisque les salariés bénéficiant de la politique ont été choisis en fonction de leur appartenance à ce département.

L'étude montre alors qu'à profil identique, le fait d'avoir bénéficié du programme réduit la probabilité de démission de 20 %.

La direction de l'entreprise décide donc d'étendre le programme à l'ensemble des salariés.

DOSSIER 7

VISUALISER LES DONNÉES

“

Un bon croquis vaut mieux qu’un long discours.

Napoléon Bonaparte

La data visualisation (« dataviz », pour *data visualization* an anglais) correspond à l'ensemble des techniques permettant de représenter graphiquement des données.
Les différents graphiques que nous avons mobilisés tout au long des dossiers et outils précédents constituent donc des exemples de data visualisation. Les tenants de la data visualisation considèrent que la représentation graphique et visuelle des données doit révéler le sens des données et faciliter leur interprétation.

Objectifs et enjeux de la data visualisation

La data visualisation constitue une pratique très ancienne : les cartes géographiques, les schémas représentant les organes humains, sont par exemple deux manières de représenter visuellement des données.

Cependant, la data visualisation a pris une importance particulière dans les dernières années, avec l'explosion du volume et de la variété des données disponibles.
En effet, cela a nécessité à la fois une forme de créativité dans la représentation des données, et une forme de structuration du savoir et des pratiques en la matière.

Règles clés et fonctionnalités intéressantes

Certains chercheurs ont alors proposé des règles, ou bonnes pratiques, en matière de visualisation de données.
Dans les entreprises et organisations de travail, ces règles ou bonnes pratiques prennent une importance particulière du fait que l'analyse de données est régulièrement mobilisée à des fins d'aide à la décision, et souvent à destination ou par des personnes peu expertes de l'analyse de données.

Les outils

Outil 37

Enjeux de la data visualisation

> “ La data visualisation est une pratique très ancienne.

En quelques mots

La data visualisation est une pratique ancienne. Elle a connu plusieurs périodes clés, notamment :

- essor du papier et de l'imprimerie ;
- essor de la quantification ;
- informatisation ;
- digitalisation.

L'intérêt (et l'enjeu) de la data visualisation réside dans le fait qu'il est plus ou moins facile pour l'être humain d'analyser des tableaux de chiffres, des différences de longueurs de ligne, de surfaces, de couleurs, etc. Le principe de la data visualisation consiste donc à **représenter des données en jouant sur les capacités visuelles inhérentes à l'être humain**, de façon à faciliter l'interprétation et l'analyse.

HISTOIRE DE LA DATA VISUALISATION

	Essor de l'écrit	Essor de la quantification	Informatisation	Digitalisation
Objectif	Représentation graphique d'informations	Mesurer et analyser les données	Informatisation de la data visualisation	Essor du volume et de la variété des données disponibles
Caractéristiques / exemples	Cartes représentant des ressources géologiques (papyrus minier de Turin, 1160 av. J.-C.)	Progrès statistiques et dans la représentation graphique des statistiques (voir travaux de W. Playfair, XVIIIe s.)	Logiciels permettant de faire de la data visualisation ou intégration dans les logiciels statistiques	Représenter les données produites par la géolocalisation, les réseaux sociaux, etc.
Enjeux	Représenter les informations avec exactitude, mais aussi de manière à favoriser leur compréhension	Représenter graphiquement des résultats statistiques	Faciliter la data visualisation en l'informatisant	Représenter une grande variété de types de données

POURQUOI L'UTILISER ?

Objectif

Comprendre l'évolution de la data visualisation et de ses enjeux.

Contexte

Les bases de la data visualisation liée à l'analyse statistique des données ont été posées par William Playfair aux XVIIIe et XIXe siècle. Cet ingénieur et économiste a ainsi inventé les diagrammes les plus connus aujourd'hui : camembert, histogramme, notamment.

Au XXe siècle, les progrès de l'informatique ont permis d'informatiser et d'automatiser une partie de la data visualisation, rendant ainsi possible la production instantanée et facile de graphiques accessible aux néophytes.

Enfin, au XXIe siècle, l'essor du volume et de la variété de données disponibles a nécessité de faire preuve de créativité dans les techniques de data visualisation, de façon à représenter des données encore inédites : géolocalisation, interactions sur les réseaux sociaux, par exemple.

Par ailleurs, les données issues des outils digitaux se mettent à jour en temps réel, ce qui nécessite des outils de data visualisation actualisés instantanément.

L'essor des outils digitaux et la meilleure prise en compte de l'utilisateur dans l'ergonomie des outils ont aussi incité au développement d'outils de data visualisation interactifs, c'est-à-dire avec lesquels l'utilisateur peut interagir.

De plus, certaines de ces données sont non structurées (non formatées), ce qui a conduit au développement de nouvelles stratégies de visualisation (nuage de mots, par exemple).

COMMENT L'UTILISER ?

Étapes

1. Avant de mobiliser des techniques de data visualisation, **bien spécifier les objectifs poursuivis** (voir outil suivant : représenter l'information, faciliter l'analyse, faciliter la prise de décision).

2. **Adapter les graphiques** aux objectifs poursuivis (voir outil 39).

Méthodologie et conseils

La data visualisation consiste à représenter des données de façon visuelle. Cela ne se limite donc pas aux schémas statistiques : les cartes topologiques constituent un bon exemple de data visualisation tout à fait extérieure à l'analyse de données.

Les enjeux de la data visualisation se sont progressivement multipliés : alors qu'il s'agissait tout d'abord de simplement représenter des informations de façon visuelle, la deuxième période a eu pour objectif de représenter les analyses statistiques, la troisième d'informatiser et automatiser ces pratiques, et la quatrième de représenter des données de volume et type extrêmement variés.

Quelques règles clés permettent d'éviter de commettre des erreurs au moment d'utiliser des graphiques ou autres outils de data visualisation (voir outil 40).

Avant de vous lancer...

- **La data visualisation recouvre une grande variété de pratiques.**
- **Les bases de la data visualisation comme accompagnement à des analyses statistiques ont été posées dès le XVIIIe siècle.**
- **La variété actuelle des données (mise à jour en temps réel, données non structurées...) nécessite une certaine créativité dans la visualisation des données.**

Outil 38 Objectifs de la data visualisation

“ La data visualisation peut viser différents types d'objectifs, non mutuellement exclusifs, mais qui ont des implications sur les techniques mobilisées.

En quelques mots

La data visualisation peut viser trois types d'objectifs :
- **représenter plusieurs informations sur un même graphique** ;
- **faciliter l'analyse et l'interprétation des données** ;
- **faciliter la prise de décision**.

Ces objectifs ont des implications sur les techniques de data visualisation qui peuvent s'avérer contradictoires. Ainsi, le premier objectif peut inciter à mobiliser toutes les techniques possibles de façon à représenter le maximum d'informations sur un même graphique (pour avoir plus d'informations sur les techniques, voir aussi les deux outils suivants). Or, cela peut se révéler contradictoire avec les objectifs de facilitation de l'analyse ou de la prise de décision, qui nécessitent au contraire de limiter la quantité d'information représentée sur un même graphique.

EXEMPLE DE DATA VISUALISATION

POURQUOI L'UTILISER ?

Objectif

Connaître les trois grands objectifs de la data visualisation et leurs implications pratiques.

Contexte

Le premier objectif de la data visualisation consiste à représenter plusieurs informations sur un même graphique. Pour cela, il faut jouer sur le fait que l'être humain peut percevoir à la fois des surfaces, des couleurs et des longueurs.
Le deuxième objectif consiste à faciliter l'analyse et l'interprétation des données. En effet, il est souvent plus facile d'interpréter une information visuelle qu'un tableau de chiffres. Pour cela, il faut éviter de surcharger les graphiques.
Le troisième objectif consiste à faciliter la prise de décision. Si l'interprétation est facilitée, la prise de décision le sera aussi : il est inutile de présenter des informations qui n'y contribueront pas.

COMMENT L'UTILISER ?

Étapes

1. Identifier quels sont les objectifs de votre data visualisation.
2. Adapter les graphiques aux objectifs poursuivis (voir outil 39).

Méthodologie et conseils

Le graphique ci-contre porte sur les comportements d'achats sur Internet des individus, en fonction de leur revenu. Ce graphique représente des segments d'individus sous forme de bulles. La taille de la bulle correspond au nombre d'individus présent dans le segment, la couleur au revenu (plus clair pour des revenus plus faibles, plus foncé pour des revenus plus élevés), la position de la bulle sur le graphique au comportement d'achat. Ainsi, trois informations sont représentées sur un même graphique. Pour faciliter l'analyse et l'interprétation des données, il faut éviter la tentation de représenter trop d'informations sur un même graphique, au risque de le rendre trop complexe à analyser ou interpréter. Par ailleurs, il faut savoir qu'il est plus facile pour un être humain d'identifier au premier coup d'œil des différences de taille de segment et de couleur que des différences de surfaces. Il faut donc privilégier les représentations faciles à analyser rapidement.
Le troisième objectif consiste à faciliter la prise de décision. Cet objectif est généralement cohérent avec le deuxième : si l'interprétation est facilitée, la prise de décision le sera aussi. Il faut donc veiller à ne représenter sur un graphique que les informations importantes. Sur le graphique, il pourrait par exemple être tentant d'ajouter une information en ne mobilisant pas uniquement des bulles, mais des carrés quand les segments sont composés majoritairement de femmes et des ronds quand il s'agit majoritairement d'hommes. Cependant, si cette information n'est pas nécessaire, il vaut mieux résister à cette tentation, qui rendra plus difficile la comparaison de la taille des formes entre elles.

Avant de vous lancer…

- ✓ **Les objectifs de la data visualisation ont des implications pratiques qui peuvent les rendre dans certains cas contradictoires. Ainsi, alors qu'il est tentant de représenter le plus d'information possible sur un graphique, cela ne facilite ni l'interprétation ni la prise de décision, qui nécessitent de se focaliser sur les informations les plus importantes.**
- ✓ **Il est donc nécessaire de bien spécifier vos objectifs avant de vous lancer.**
- ✓ **Si vous souhaitez représenter de nombreuses informations, il vaut sans doute mieux proposer plusieurs graphiques, plutôt qu'un seul surchargé.**

Outil 39 Adapter les graphiques aux objectifs

> « Produire un graphique nécessite forcément d'effectuer une sélection des informations à représenter et des manières de les représenter.

En quelques mots

À partir des mêmes données, il est possible de produire de nombreux graphiques qui mettront l'accent sur différents points. C'est pourquoi il est nécessaire d'adapter les graphiques aux objectifs poursuivis.

Plus précisément, produire un graphique nécessite de faire **deux choix** en amont :

- choix des **informations à représenter** sur le graphique ;
- choix de la **manière de les représenter**.

Or, ces choix ont un effet important sur ce qui peut être déduit des graphiques. Il est donc nécessaire qu'ils résultent d'une réflexion consciente et approfondie.

QUATRE MANIERES DE REPRÉSENTER LES MÊMES INFORMATIONS

1
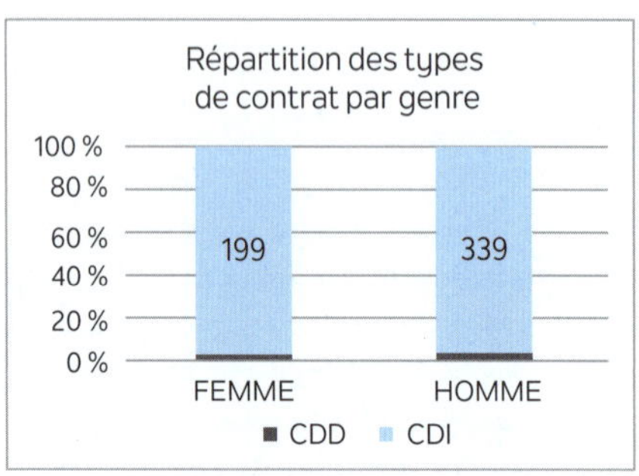

2
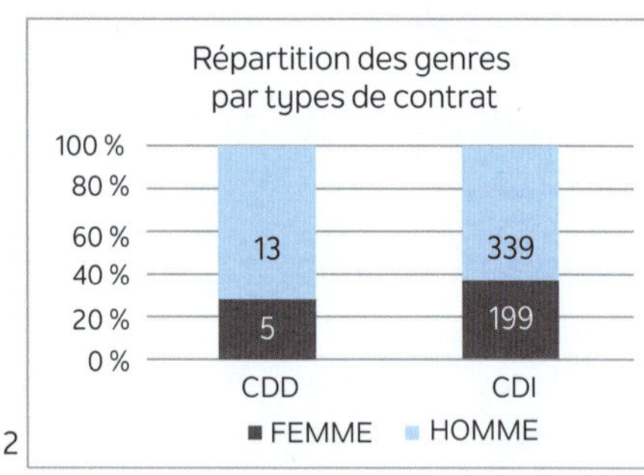

3
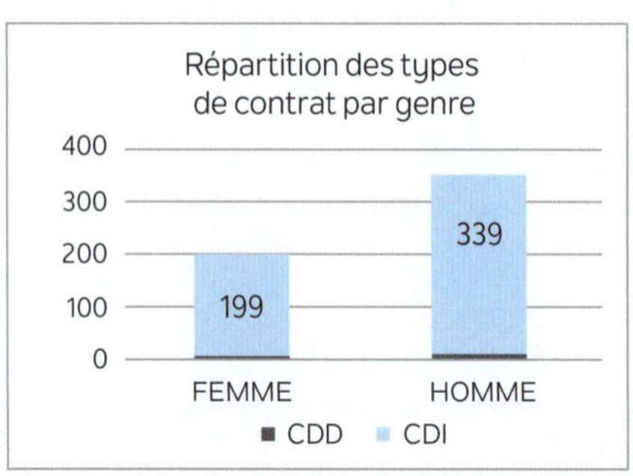

4
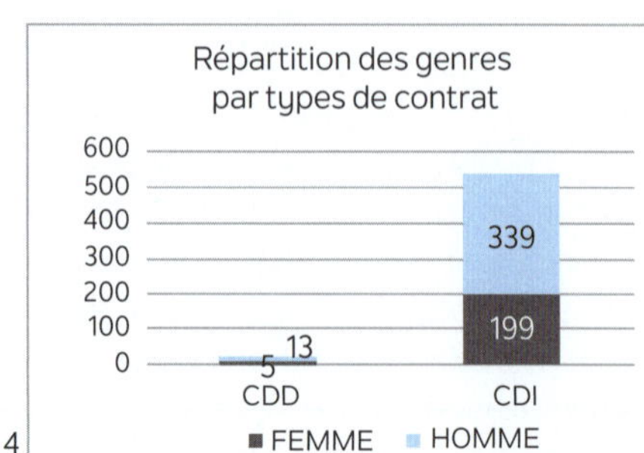

POURQUOI L'UTILISER ?

Objectif

Choisir le bon graphique en fonction des objectifs poursuivis.

Contexte

Représenter graphiquement des données consiste à réduire l'information contenue dans les données. Cette réduction insiste sur certains points au détriment d'autres.
Produire un graphique nécessite d'effectuer deux choix. Il faut tout d'abord choisir quelles informations seront représentées sur le graphique.
Ce choix dépend étroitement du sujet de l'étude et des objectifs poursuivis (voir outil 40 pour un exemple d'information non pertinente selon les objectifs poursuivis).
Ensuite, une fois les informations sélectionnées, il faut choisir comment les représenter.

COMMENT L'UTILISER ?

Étapes

1. **Identifier quels sont les objectifs** de votre data visualisation.
2. **Produire les graphiques**.
3. Ne pas hésiter à **modifier les graphiques** jusqu'à estimer qu'il s'agit bien de la meilleure manière de présenter l'information.
4. **Bien adapter l'interprétation** au graphique.

Méthodologie et conseils

Les graphiques ci-contre illustrent à quel point la manière de représenter les mêmes informations peut varier et mettre en exergue certains points au détriment d'autres.
Ils croisent les variables « genre » et « type de contrat » sur la Base 1 (disponible dans les ressources numériques en ligne).
On peut tout d'abord choisir si l'on souhaite représenter les types de contrat par genre (graphiques 1 et 3) ou les genres par type de contrat (graphiques 2 et 4).
On peut ensuite choisir de donner à voir les pourcentages (graphiques 1 et 2) ou les valeurs brutes (graphiques 3 et 4).
Ces choix ne sont pas anodins, car ils conditionnent l'interprétation.
Ainsi, le graphique 1 souligne le fait que les CDD sont très peu nombreux et que la différence de type de contrat entre femmes et hommes est peu importante ; le graphique 2 souligne la sous-représentation des femmes au sein de l'entreprise, mais aussi le fait qu'elles sont un peu moins sous-représentées parmi les CDI que les CDD (ce qui semble contredire le graphique 1, mais qui s'explique par le fait qu'il y a globalement très peu de CDD) ; le graphique 3 souligne aussi la sous-représentation des femmes dans l'entreprise, et le fait qu'il n'y a quasiment aucune femme en CDD ; le dernier graphique souligne la sous-représentation des CDD, mais aussi la sous-représentation des femmes parmi les CDI.
Il n'y a pas forcément de meilleure manière de représenter ces informations, donc de graphique meilleur que les autres : tout dépend des objectifs poursuivis.

Suite outil 39 →

Avant de vous lancer...

- ✓ **Un graphique se fonde nécessairement sur deux choix : choix des informations présentées, et choix de la manière de les représenter.**
- ✓ **Ces choix doivent résulter d'une réflexion consciente et approfondie.**
- ✓ **Ils conditionnent fortement ce qui pourra être déduit de vos graphiques.**

Adapter les graphiques aux objectifs

COMMENT ÊTRE PLUS EFFICACE ?

Maîtriser les différents types de graphiques et les informations qu'ils permettent de représenter

Voici quelques types d'informations que vous pourriez vouloir représenter, et les graphiques les plus adéquats associés.

- **Séries temporelles** : on souhaite montrer l'évolution d'une ou de plusieurs variables. Un graphique avec une courbe joignant les différents points permet de souligner l'évolution tendancielle. Ainsi, si la courbe croît, cela indique instantanément une tendance à la hausse, et l'inverse si la courbe décroît. Dans le cas où la courbe croît et décroît en suivant un schéma régulier, cela semble indiquer des variations saisonnières. Enfin, une courbe qui évolue de façon erratique signifie qu'aucune tendance ne peut être identifiée sur le graphique.
- **Fréquence sur une seule variable** : on souhaite montrer la fréquence d'apparition de différentes modalités d'une même variable qualitative au sein d'une population. Un graphique en camembert permet de donner à voir les disparités de fréquence d'apparition. Ce type de représentation représente très efficacement ce type d'information, car il est facile pour un individu d'évaluer des différences de taille des aires de chaque triangle (chaque « part » du camembert).
- **Fréquence sur deux variables** : on souhaite montrer la fréquence d'apparition de modalités croisant deux variables qualitatives au sein d'une population, ou encore le lien entre ces deux variables. Un graphique en histogramme (voir les exemples donnés dans cet outil) permet de donner à voir les disparités de fréquence d'apparition.
Un histogramme empilé à 100 % facilite les comparaisons de fréquence d'apparition en pourcentage, quand un histogramme empilé mais pas à 100 % facilite la comparaison des fréquences en valeur absolue.
- **Déviation** : on souhaite montrer l'écart à la norme ou à l'objectif d'une variable. Un graphique en histogramme permet de souligner cet écart. Il faut privilégier dans ce cas l'histogramme non empilé.
- **Corrélation** : on souhaite montrer le lien entre deux variables quantitatives. Un graphique avec nuage de points et droite de régression (ou courbe de tendance) permet de souligner cette relation, si elle existe.
- **Information géospatiale** : on souhaite montrer les variations d'une variable en fonction d'un lieu (par établissement, par région, par pays).
Un graphique avec une carte géographique (cartogramme) permet de donner à voir ces variations, par exemple en utilisant des aplats de couleur ou en ajoutant des icônes de taille variable.

Si des tests statistiques (coefficient de corrélation, test du chi-deux, analyse de la variance) montrent que la relation entre deux variables n'est pas significative, il vaut mieux éviter de représenter le croisement des deux variables sur un graphique, qui risque de conduire le public à tenter d'interpréter même des variations minimes, ce qui serait une erreur sachant que ces variations ne sont pas significatives.

Exercices

Adapter les graphiques aux objectifs

Exercice 1 : Définir ce que l'on veut montrer

> Sur les 3 bases disponibles dans les ressources numériques en ligne et sur les sujets ci-dessous, définir un ou plusieurs résultats que vous souhaiteriez représenter par un graphique, et quel graphique sera le plus adapté.

1. Base 1 : l'égalité entre les femmes et les hommes.
2. Base 2 : les profils des clients.
3. Base 3 : la satisfaction des clients.

....

....

....

Exercice 2 : Adapter les graphiques aux objectifs

> Pour chaque sujet ci-dessous, définir le graphique le plus adapté.

1. Comparaison entre la marge réalisée et l'objectif à atteindre.
2. Taux d'absentéisme sur l'année en fonction de la région.
3. Lien entre revenu du ménage et dépenses réalisées en produits informatiques.
4. Évolution mensuelle du chiffre d'affaires d'un magasin.
5. Lien entre le fait de disposer d'une carte de fidélité et le fait de retourner des produits.
6. Proportion de mineurs parmi les clients.

....

....

....

....

....

....

> Réponses :

1. Histogramme
2. Cartogramme
3. Nuage de points avec droite de régression (ou courbe de tendance)
4. Points reliés par une courbe
5. Histogramme
6. Camembert

Outil 40

Quelques règles clés

“ *Une bonne data visualisation suppose de respecter quelques règles clés et bonnes pratiques.*

En quelques mots

La data visualisation obéit à quelques règles clés, sans lesquelles les graphiques risquent de conduire à des interprétations et conclusions erronées :

- bien indiquer la **légende** et l'**échelle** ;
- **ne pas distordre** les résultats par des manipulations graphiques ;
- **ne pas surinterpréter** les variations visibles ;
- toujours garder le **contexte de production des données** à l'esprit ;
- accompagner le graphique d'une **clé de lecture**.

EXEMPLE : À NE PAS FAIRE

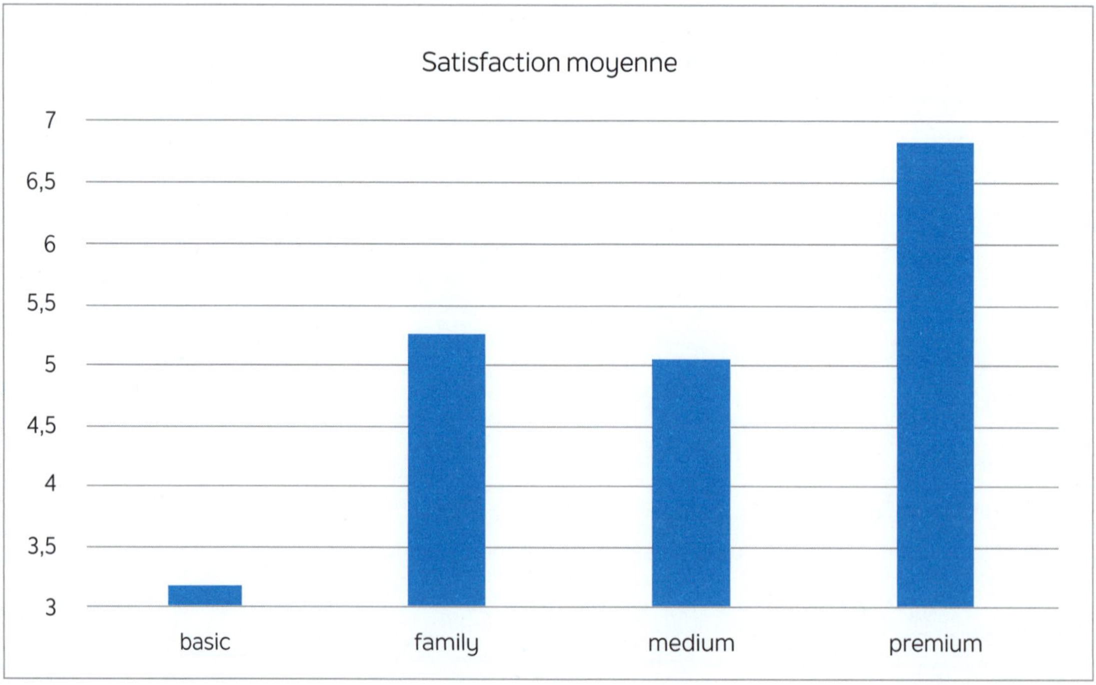

POURQUOI L'UTILISER ?

Objectif

Maîtriser les règles et bonnes pratiques de la data visualisation.

Contexte

Il est relativement facile de manipuler les graphiques de manière à faire illusion sur l'auditoire.
Respecter des règles et bonnes pratiques fondamentales permet d'éviter ce travers.
Il faut voir la data visualisation non pas comme un outil de manipulation des individus, mais comme un outil facilitant l'analyse et l'interprétation des données.
De ce fait, la rigueur est essentielle.

COMMENT L'UTILISER ?

Étapes

1. Au moment de produire le graphique, **s'interroger sur l'échelle la plus adaptée** et l'indiquer sur le graphique.
Par exemple, si vous avez interrogé des salariés sur leur degré de motivation sur une échelle allant de 1 à 10, il vaut mieux définir l'échelle de l'axe comme allant de 1 à 10, même si les moyennes de réponses sont toutes comprises entre 6 et 7.
Cela permet de ne pas surestimer les éventuelles variations.
2. **Tester différentes formes graphiques** pour bien identifier l'effet de chacune sur les possibilités d'interprétation, et conserver celle qui semble la plus proche des données.
3. **Bien rappeler le contexte de production** des données : période considérée, nombre d'individus concernés, etc.
4. **Ajouter une clé de lecture** (exemple d'interprétation d'une des données du graphique) afin d'en faciliter la compréhension et l'analyse.

Méthodologie et conseils

Le graphique ci-contre constitue un exemple à ne pas suivre, car il ne respecte pas les règles les plus importantes.
Ainsi, l'axe des ordonnées ne commence pas à 0 et ne finit pas à 10 (alors que la note de satisfaction pouvait aller de 0 à 10), ce qui survalorise les différences entre les notes en grossissant l'échelle.
Le lecteur est ainsi tenté de surinterpréter les différences de hauteur de barre.
Par ailleurs, le graphique ne comporte pas de légende, ce qui nécessite de la part du lecteur de supposer que l'abscisse représente différentes formules d'abonnement, la hauteur des barres indiquant la satisfaction moyenne pour chaque formule.
De plus, le graphique est sorti de son contexte : on ne sait pas de quand datent ces chiffres, sur combien d'usagers ils sont calculés, sur quelle période, comment la satisfaction a été mesurée, etc.
Enfin, aucune clé de lecture ne permet à un lecteur néophyte de comprendre comment ce graphique peut être lu.

Suite outil 40 →

Avant de vous lancer...

- ✓ Respecter quelques règles clés permet d'éviter de produire des graphiques conduisant à des interprétations erronées.
- ✓ Les représentations graphiques peuvent avoir un effet important sur l'auditoire. Les illusions d'optique montrent bien que l'on peut facilement tromper ou orienter le cerveau humain avec une représentation visuelle.
- ✓ Il faut donc toujours privilégier la rigueur pour éviter de tomber dans la manipulation.

Quelques règles clés

COMMENT ÊTRE PLUS EFFICACE ?

Les échelles

Changer l'échelle d'un axe (ne pas le faire commencer à zéro par exemple) modifie considérablement les représentations graphiques obtenues et donc l'effet sur l'auditoire.

Pour vous en convaincre, vous pouvez tester différentes échelles d'axe sur des graphiques produits à partir des bases de données disponibles en ligne. Il peut alors être tentant de jouer sur les échelles pour faire ressortir un message, mais cela reste peu rigoureux.

Il est plus rigoureux de mobiliser une échelle commençant à zéro, et dont le maximum va jusqu'à la valeur maximale que les réponses peuvent prendre.

La significativité des variations

Comme on l'a vu dans le dossier 4, des outils statistiques permettent de mesurer la significativité de la relation entre deux variables : coefficient de corrélation, test du chi-deux, analyse de variance notamment. Si une telle analyse indique que la relation n'est pas significative, il vaut mieux ne pas la représenter graphiquement.

En effet, l'être humain est habitué à identifier et interpréter des variations visibles, même quand elles sont minimes.

Le titre du graphique

Le titre du graphique donné en exemple de cet outil constitue encore une fois un exemple à ne pas suivre, car il est peu informatif. Le titre peut dans certains cas remplacer la légende ou la clé de lecture quand le graphique est simple à lire, mais il faut dans ce cas qu'il donne les informations capitales pour comprendre et lire le graphique.

Dans l'exemple ci-contre, le titre « Satisfaction moyenne des clients par formule d'abonnement » semble par exemple plus adéquat car il indique comment lire le graphique. Si le graphique est particulièrement compliqué à lire, il vaut mieux ajouter une clé de lecture.

La clé de lecture, positionnée généralement sous le graphique, indique comment lire un des chiffres ou une des informations du graphique. Elle donne ainsi la « clé » pour lire le graphique.

Le contexte de production des données

Donner des informations sur le contexte de production des données est nécessaire. Ces informations peuvent être données en début de restitution, et il n'est alors plus nécessaire de les rappeler pour chaque graphique.

Il faut mentionner *a minima* :

- comment est constitué l'échantillon (taille et caractéristiques principales) ;
- quelle période est couverte ;
- comment les différents éléments ont été mesurés.

Par exemple, si vous avez administré un questionnaire et que l'ensemble de vos questions est constitué par des échelles allant de 1 à 10, il est utile de le rappeler en début de présentation, car des variations d'un point sur une échelle allant de 1 à 10 sont plus importantes que des variations d'un point sur une échelle allant de 1 à 20 ou de 1 à 100.

Exercices

Adapter les graphiques aux objectifs

Exercice 1 : Définir les objectifs visés

1. Sur la Base 3 (disponible dans les ressources numériques en ligne), effectuer une analyse de la satisfaction des clients en fonction de différentes variables (formule d'abonnement, genre, âge, etc.).

2. Définir des objectifs pouvant structurer des représentations visuelles de vos résultats.

- Astuce : l'outil 38 pourra vous aider pour cet exercice.

Exercice 2 : Adapter les graphiques aux objectifs

1. Produire les graphiques correspondant aux résultats que vous souhaitez mettre en avant.

2. Faire évoluer les graphiques de manière à les adapter à vos objectifs.

- Astuce : l'outil 39 pourra vous aider pour cet exercice.

Exercice 3 : Respecter les règles clés

> Vérifier que tous vos graphiques respectent les règles et bonnes pratiques de la data visualisation.

- Astuce : l'outil 40 pourra vous aider pour cet exercice.

> Proposition de corrigé pour le graphique présenté en exemple de cet outil.

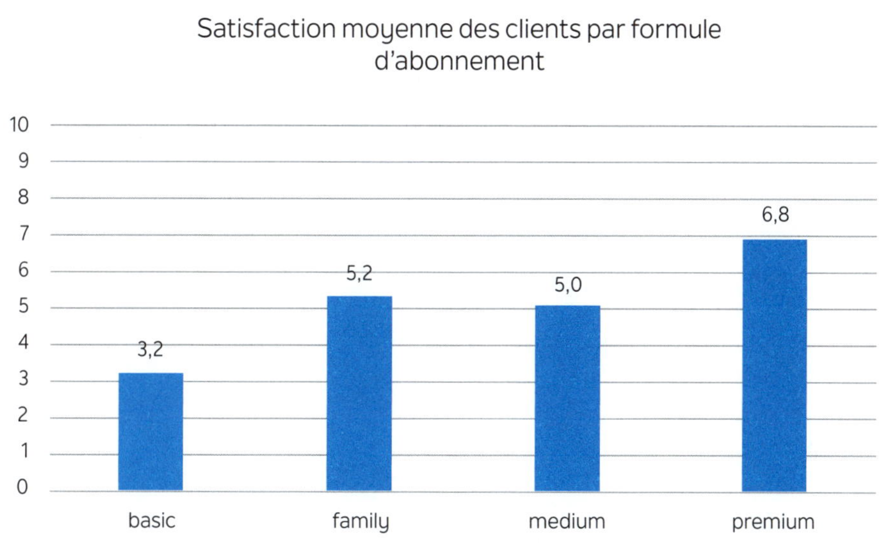

Outil 41 La data visualisation interactive

> « La data visualisation interactive offre la possibilité d'interagir avec des représentations visuelles des données.

En quelques mots

La **data visualisation interactive** permet à un utilisateur d'interagir avec un graphique : cliquer ou survoler un élément du graphique pour avoir plus d'informations, zoomer sur une partie du graphique, modifier des couleurs, des formes, etc.
Les intérêts sont multiples : permettre à l'utilisateur de se familiariser avec les données, de s'approprier la data visualisation, de mobiliser la data visualisation en fonction de ce qui l'intéresse, etc.

EXEMPLE DE DATA VISUALISATION INTERACTIVE

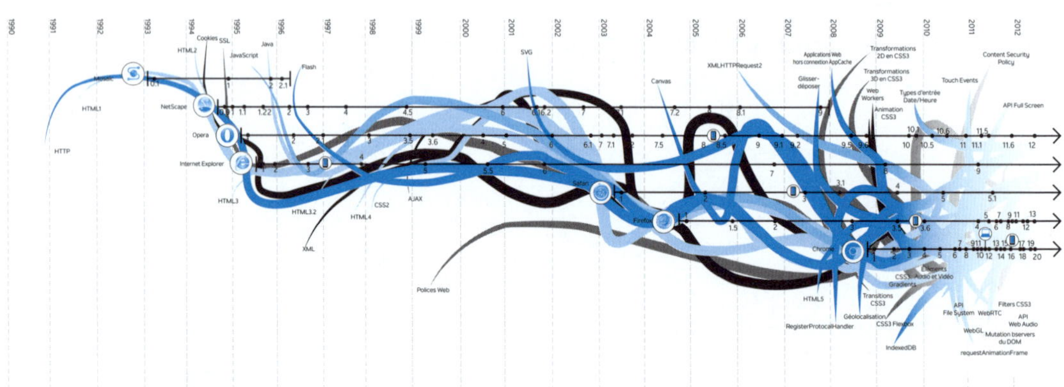

Source : http://www.evolutionoftheweb.com/?hl=fr#/evolution/day

POURQUOI L'UTILISER ?

Objectif

Comprendre en quoi consiste la data visualisation interactive.

Contexte

La data visualisation interactive est une forme sophistiquée de data visualisation, avec laquelle l'utilisateur peut interagir.
Ces interactions peuvent prendre différentes formes.
- **Cliquer sur un élément** : en cliquant sur un élément, l'utilisateur peut par exemple ouvrir une fenêtre donnant plus d'informations, ou encore produire un nouvel espace graphique concernant cet élément exclusivement. Cette dernière fonctionnalité peut être utile si vos données sont imbriquées (ex. : cliquer sur une région d'une carte pour faire apparaître des données non plus au niveau régional mais au niveau départemental).
- **Survoler un élément** : survoler un élément peut permettre à l'utilisateur de faire apparaître des informations plus détaillées dessus.
- **Modifier des éléments** : l'utilisateur peut vouloir modifier des couleurs, des types de forme, des légendes... Cela peut être permis par un encart spécifique accompagnant le graphique.
- **Zoomer sur une partie du graphique** : l'utilisateur peut utiliser la fonction de zoom pour mieux voir les détails d'une partie du graphique. Cette fonctionnalité est particulièrement utile pour les graphiques qui représentent un nombre important d'informations.

COMMENT L'UTILISER ?

Étapes

1. **Identifier si la data visualisation interactive** est adaptée à vos besoins. Par exemple, si vous souhaitez fournir à un interlocuteur un outil d'aide à la décision fondé sur les données et que vous souhaitez qu'il puisse s'approprier facilement les résultats d'une étude, la data visualisation interactive semble appropriée.
2. **Mettre en place les outils** nécessaires.
3. **Former les utilisateurs** à l'outil de data visualisation interactive.

Méthodologie et conseils

Plusieurs outils nécessitant d'installer un logiciel ou de payer un abonnement à un service en ligne permettent de mettre en place de la data visualisation interactive :
- Excel : Excel permet de faire de la data visualisation interactive, mais n'est pas un logiciel dédié à cela. De ce fait, l'ergonomie et la facilité d'utilisation restent questionnables.

C'est la solution à privilégier si vous souhaitez simplement permettre à un interlocuteur de faire varier légèrement des paramètres des graphiques.
- Power BI, Tableau, Toucan Toco... : ces outils, en grande partie dédiés à la visualisation interactive, nécessitent de payer un abonnement mensuel. En échange, l'utilisateur peut avoir accès à un outil très ergonomique, et le cas échéant à un soutien de la part d'équipes de consultants.

C'est la solution idéale si vous souhaitez favoriser l'appropriation des données par vos interlocuteurs, et que vous avez plusieurs interlocuteurs qui pourraient être intéressés par des dimensions différentes dans la base de données.

Avant de vous lancer...

✓ **La data visualisation interactive représente une solution intéressante pour favoriser l'acculturation et l'appropriation des données.**

✓ **Cependant, elle peut nécessiter la mise en place de formations et d'accompagnements dédiés.**

Outil 42

Limites et risques de la data visualisation

“ *La data visualisation est un outil puissant, mais qui en tant que tel présente des risques qu'il faut connaître pour mieux les limiter.*

En quelques mots

La data visualisation présente plusieurs limites et risques qu'il faut garder à l'esprit :

- risque de **manipulation :** les illusions d'optique montrent bien qu'il est possible de tromper l'œil et l'esprit humains par des images, un risque présent également pour la data visualisation ;
- risque de **surinterprétation :** la tentation d'interpréter des variations dans un graphique peut faire oublier les précautions élémentaires ;
- risque d'**oubli de certains éléments :** un graphique privilégie toujours certaines informations au détriment d'autres, et l'oubli de certains éléments peut s'avérer néfaste pour la qualité de l'analyse et de l'interprétation.

LES LIMITES DE LA DATA VISUALISATION

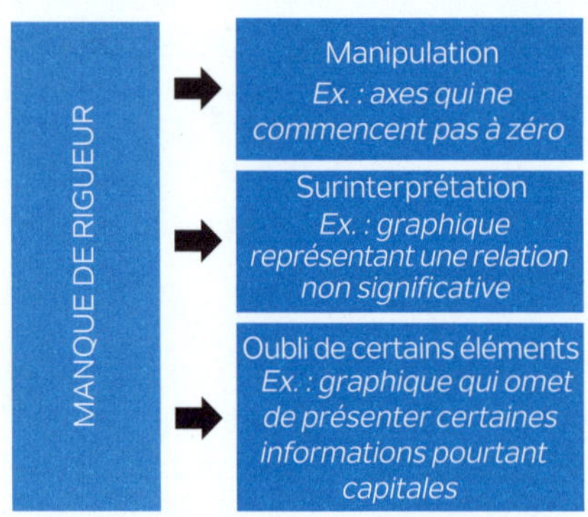

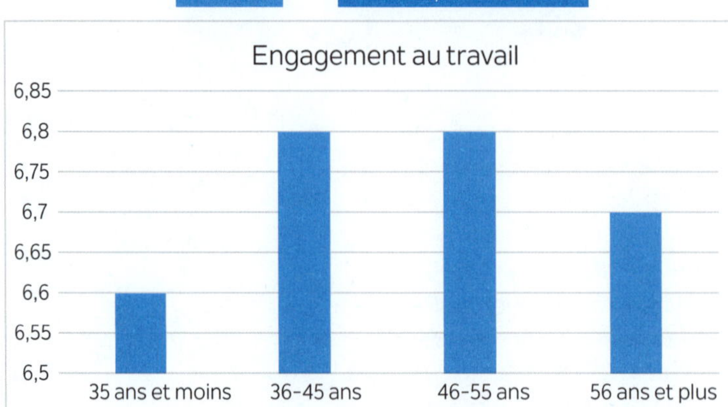

Exemple à ne pas suivre

POURQUOI L'UTILISER ?

Objectif

Identifier les principaux risques associés à la data visualisation pour mieux les éviter.

Contexte

Les risques associés à la data visualisation ont été soulignés tout au long du dossier. Il est important de conclure dessus, afin de bien insister sur les potentiels effets néfastes de la data visualisation.
Prendre conscience de ces risques constitue une première étape pour en limiter les effets. La seconde étape consiste à faire preuve de la plus grande rigueur possible : respecter les règles de présentation des graphiques, ne pas chercher à manipuler l'auditoire, donner l'ensemble des informations nécessaires pour la bonne interprétation des graphiques, etc.
L'intégration des outils de data visualisation dans des présentations et restitutions doit faire l'objet de la même rigueur (voir dossier 8).

COMMENT L'UTILISER ?

Étapes

1. **Prendre conscience des risques** de la data visualisation.
2. Au moment de produire un graphique, **garder en tête ces limites et risques**.
3. **Faire preuve de la plus grande rigueur possible** pour en diminuer les effets lors des 3 étapes : production, analyse et interprétation des graphiques.

Méthodologie et conseils

Les risques les plus importants sont :

- **Risque de manipulation** : l'œil et le cerveau humains reçoivent un ensemble d'informations visuelles et sélectionnent celles qui paraissent les plus importantes, au détriment des autres. C'est pourquoi certaines pratiques devraient être évitées, comme celle de ne pas faire commencer les axes à zéro (comme c'est le cas dans le graphique ci-contre) : même si l'information est indiquée sur l'axe, et même si les valeurs réelles des données sont indiquées sur le graphique, le fait de ne pas faire commencer les axes à zéro survalorise l'ampleur des éventuelles différences.
- **Risque de surinterprétation** : l'œil et le cerveau humains sont habitués à interpréter les variations dans les graphiques, même quand celles-ci sont minimes. Représenter un graphique lorsque la relation apparaît comme statistiquement non significative (comme c'est le cas dans le graphique ci-contre) est donc inutile, voire dangereux, car les différences éventuellement visibles sur le graphique seront interprétées en tant que telles, alors qu'elles sont statistiquement inexistantes. Ainsi, il est fortement conseillé d'effectuer les tests statistiques avant de produire les graphiques. Si le test statistique montre que la relation est significative, alors un graphique peut être utilisé pour faciliter l'interprétation de la relation. Si le test montre que la relation n'est pas significative, alors il faut se contenter de cette information (déjà intéressante en soi) et ne pas produire de graphique.
- **Risque d'oubli de certains éléments** : un graphique révèle certaines choses et en masque d'autres. Ainsi, des choix sont effectués par la personne qui produit le graphique sur les informations essentielles à représenter. Ce choix doit être fait avec rigueur, et non dans le but de masquer certaines informations.

Avant de vous lancer...

✓ **La data visualisation présente plusieurs risques qui en limitent la portée.**

✓ **La rigueur méthodologique dans la présentation, l'analyse et l'interprétation des graphiques reste le meilleur rempart contre ces risques.**

8 DOSSIER

PRÉSENTER LES RÉSULTATS

“

Ce que l’on conçoit bien s’énonce clairement,
Et les mots pour le dire arrivent aisément.

Nicolas Boileau

Les différentes méthodes présentées dans les dossiers et outils précédents peuvent paraître parfois complexes, et leurs résultats difficiles à transmettre et restituer à un public non expert. De plus, les personnes non formées à l'analyse de données restent nombreuses dans les entreprises et organisations de travail. Ces personnes peuvent donc penser que l'analyse de données donne des résultats trop complexes pour pouvoir apporter une aide concrète, notamment à la prise de décision. Il est donc essentiel de présenter ses résultats de manière à les rendre accessibles au plus grand nombre, et ainsi à favoriser leur appropriation par tous.

Quelques règles clés

Pour cela, quelques règles clés doivent être maîtrisées. Certaines de ces règles correspondent à des principes communs à toutes les présentations orales, notamment :

- prévoir une structure et s'y tenir, sous peine de tomber dans des digressions;
- spécifier les objectifs de la présentation;
- s'adapter à son auditoire;
- privilégier la pédagogie, veiller à la forme.

Analyse et action

Par ailleurs, il ne faut pas oublier que ces présentations visent généralement à la fois l'analyse et l'action.

Or, analyser, interpréter, comprendre des résultats statistiques n'est pas forcément évident pour des personnes non connaisseuses.

Il ne faut donc pas hésiter à fournir les interprétations de chaque graphique ou chiffre fournis dans la présentation, ou bien à accompagner la présentation de clés facilitant l'analyse et l'interprétation, mais aussi à mobiliser l'auditoire pour mieux comprendre certains résultats chiffrés.

Ainsi, certains résultats peuvent être facilement expliqués par des éléments de contexte, que vos interlocuteurs peuvent maîtriser mieux que vous.

Par ailleurs, engager l'auditoire à mobiliser les résultats pour prendre des décisions semble une bonne façon de clôturer sa présentation.

Les outils

Outil 43

Structurer sa présentation

“ *Une bonne présentation doit être structurée.*

En quelques mots

Une bonne présentation doit être structurée : cela évite à l'auditoire et au présentateur de se perdre et permet d'assurer qu'aucune information importante n'est oubliée. Cela favorise aussi la compréhension du propos et son appropriation par l'auditoire.

Même si la structure doit s'adapter aux objectifs poursuivis (voir outil 44), la structure basique doit reprendre les éléments suivants (dans l'ordre) :

- **contexte de production** des données et de l'étude ;
- **choix méthodologiques** ;
- **résultats** et **interprétations** ;
- **conclusion** et **prise de décision**.

LA STRUCTURE BASIQUE D'UNE PRÉSENTATION

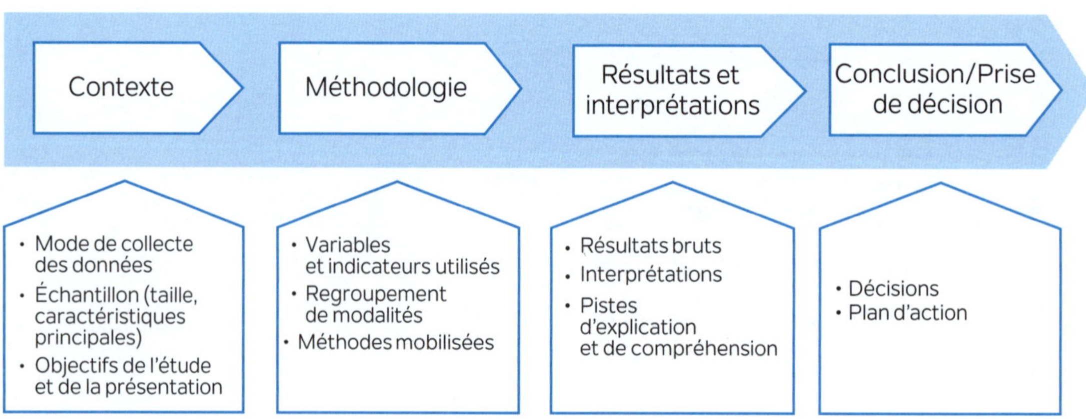

POURQUOI L'UTILISER ?

Objectif

Déterminer les différents éléments à intégrer dans une présentation et l'ordre dans lequel les mentionner.

Contexte

L'absence de structure engendre plusieurs risques pour une présentation.
Pour l'auditoire, la structure aide à se positionner dans la présentation et à en comprendre la logique.
Pour le présentateur, la structure limite les risques de digressions et d'oubli de certains éléments.
Préparer la structure de la présentation représente une étape clé, qu'il ne faut pas négliger. Cela vous aidera aussi à mieux maîtriser votre propos le jour J !

COMMENT L'UTILISER ?

Étapes

1. **Préparer une ou plusieurs diapositives** pour chaque élément de la présentation.
- Commencer par détailler le contexte de l'étude : objectifs, mode de collecte des données, échantillon obtenu.
- Expliquer la méthodologie utilisée pour analyser ces données : variables et indicateurs utilisés et construits, méthodes mobilisées.
- Présenter les résultats et les interprétations. Il peut être intéressant d'aller du plus large au plus précis, et de suivre une logique du type : ce premier résultat nous incite à aller plus loin en étudiant une autre dimension (par exemple, la relation entre deux autres variables), etc.
- Conclure sur les pistes de plans d'action à mettre en œuvre : objectifs poursuivis et actions.

2. **Rassembler l'ensemble des diapositives** dans l'ordre indiqué.
3. **Veiller à l'équilibre des différents éléments** : il faut éviter d'avoir plus de diapositives sur la méthodologie que sur les résultats.

Méthodologie et conseils

La structure doit être adaptée à l'objectif de la présentation et à l'auditoire (voir outils 44 et 45). Ainsi, certains éléments peuvent par exemple être positionnés en annexe si le temps de présentation est très court.
En revanche, garder à l'esprit les éléments fondamentaux d'une présentation est nécessaire pour éviter les oublis. Ces éléments sont présentés ci-contre.
Le contexte vise à présenter les modalités de recueil des données et l'objectif de l'étude (et éventuellement de la présentation).
La méthodologie vise à mentionner les choix méthodologiques conduisant à modifier les données brutes : construction d'indicateurs, regroupements de modalités, etc.
Les résultats et interprétations, qui constituent la partie la plus importante de la présentation, doivent mentionner à la fois les résultats bruts et les analyses et interprétations, ou hypothèses interprétatives, qui les éclairent.
Enfin, la fin de la présentation peut être consacrée à la définition d'un plan d'action.

Avant de vous lancer...

✓ **La structure présentée ici permet d'assurer que tous les éléments importants sont présents, et elle obéit à un ordre logique.**

✓ **Cependant, il faut l'adapter à l'objectif de la présentation et à l'auditoire (voir outils 44 et 45).**

Outil 44 Spécifier les objectifs

“ Une présentation peut viser plusieurs objectifs. Il est nécessaire de bien spécifier les objectifs, pour soi comme pour l'auditoire.

En quelques mots

La présentation de résultats issus d'une analyse de données quantitatives peut viser plusieurs objectifs :

- objectif **informatif** : diffuser les résultats de l'étude pour information ;
- objectif **interprétatif** : diffuser les résultats de l'étude de façon à ce que l'auditoire participe à leur interprétation ;
- objectif **décisionnel** : diffuser les résultats de l'étude à des fins de prise de décision ;
- objectif **argumentatif** : diffuser les résultats de l'étude dans une optique argumentative, pour soutenir un propos ou sensibiliser l'auditoire à l'importance d'un enjeu, d'un problème.

DIFFÉRENTS OBJECTIFS

Objectif	Caractéristiques de la présentation	Risques à éviter
Informatif *Informer l'auditoire*	Mettre l'accent de façon égale sur l'ensemble des informations.	Désengagement de l'auditoire
Interprétatif *Faire participer l'auditoire à l'interprétation*	Mettre l'accent sur la méthodologie et les résultats et interprétations. Prévoir du temps pour une réflexion collective sur les interprétations.	Surinterprétation de certains éléments
Décisionnel *Éclairer la prise de décision*	Mettre l'accent sur les résultats et interprétations. Prévoir du temps pour la conclusion et le plan d'action.	Prise de décision trop rapide Prise de décision non suivie d'effets
Argumentatif *Soutenir un argument, sensibiliser à un enjeu*	Mettre l'accent sur les éléments qui soutiennent l'argument défendu.	Manipulation de l'auditoire Démarche non rigoureuse

POURQUOI L'UTILISER ?

Objectif

Adapter sa présentation aux objectifs les plus courants des présentations d'études statistiques.

Contexte

Quatre types d'objectifs peuvent être identifiés :
- informatif ;
- interprétatif ;
- décisionnel ;
- argumentatif.

Ils peuvent conduire à adapter l'importance accordée à chaque élément de la présentation (voir outil 43).

Ces différents objectifs ne sont pas mutuellement exclusifs. En revanche, il faut veiller à ce que leur combinaison ne démultiplie pas les risques et n'empêche pas de les atteindre.

Ainsi, dans le cadre d'une présentation qui viserait à la fois un objectif informatif et un objectif interprétatif, l'atteinte de ce dernier objectif pourrait se heurter à un auditoire déjà désengagé et peu désireux de participer à une réflexion collective.

COMMENT L'UTILISER ?

Étapes

1. **Bien spécifier les objectifs**.
2. **Adapter la présentation** aux objectifs.
3. Le jour J, **expliciter les objectifs** en début de présentation.

Méthodologie et conseils

L'objectif informatif, qui vise à informer l'auditoire, nécessite de fournir l'ensemble des éléments présentés dans l'outil 43. Ce faisant, le présentateur risque de faire face à un auditoire désengagé, car peu impliqué dans la présentation.

L'objectif interprétatif, qui vise à enrichir l'interprétation des résultats grâce aux apports de l'auditoire, nécessite au contraire de faire participer l'auditoire, par exemple au moyen d'une réflexion collective en fin de présentation. L'auditoire est alors pleinement engagé, mais la volonté d'interpréter tous les éléments, de trouver des explications à tous les résultats, peut conduire à un risque de surinterprétation.

L'objectif décisionnel, qui consiste à mobiliser les données pour éclairer et favoriser la prise de décision, nécessite également d'impliquer l'auditoire. Il suppose par ailleurs de focaliser la présentation sur les éléments qui appellent une prise de décision, généralement présents dans les résultats et interprétations. Deux risques peuvent se présenter : une prise de décision rapide, ne tenant pas compte de l'ensemble des éléments et informations présentés, et une prise de décision non suivie d'effets, qui risque de délégitimer l'ensemble de la démarche.

Enfin, l'objectif argumentatif consiste à mobiliser l'analyse de données pour soutenir un argument, par exemple pour montrer l'importance d'un enjeu ou d'un problème. Dans ce cadre, la présentation peut mettre l'accent sur les éléments qui soutiennent l'argument. En revanche, il existe alors un risque de tomber dans une démarche peu rigoureuse, s'apparentant à une forme de manipulation de l'auditoire.

Suite outil 44 →

Avant de vous lancer...

- ✓ **Il est nécessaire de bien spécifier les objectifs de sa présentation avant même de la produire, et d'adapter sa présentation aux objectifs.**
- ✓ **Il est possible de viser plusieurs objectifs. En revanche, il faut veiller à ce qu'ils ne conduisent pas à des pratiques de présentation contradictoires.**
- ✓ **Chaque objectif présente des risques qu'il faut veiller à limiter.**

Spécifier les objectifs

COMMENT ÊTRE PLUS EFFICACE ?

Veiller au fond

Quels que soient les objectifs poursuivis, la présentation doit s'appuyer sur un fond solide. Maîtriser l'ensemble des outils mobilisés dans la présentation est bien sûr essentiel pour produire une présentation de qualité.
Il faut ainsi vérifier que votre présentation répond bien aux critères suivants :

- **rigueur dans les graphiques**, les analyses, les interprétations : les données vont parfois dans le sens contraire à ce qui serait souhaité… Il faut accepter cela et présenter même les résultats les plus difficiles à accepter, par exemple par vos interlocuteurs ;
- **propos logique et structuré** : vous pouvez suivre la structure indiquée à l'outil 43 ;
- **démonstration claire et bien étayée** : chacune des idées que vous énoncez doit être étayée par des données ou résultats, ou bien doit être présentée comme une « hypothèse » ;
- **respect de la bonne utilisation des différents outils statistiques mobilisés** : il est impératif de respecter l'ensemble des règles d'utilisation des différentes méthodes : par exemple, ne pas mobiliser une régression linéaire si la variable que vous souhaitez expliquer est binaire ;
- **conscience des limites** inhérentes à l'analyse de données.

Veiller à la forme

Quels que soient les objectifs poursuivis, la forme est tout aussi importante.
En effet, l'analyse de données et les résultats qui en sont issus peuvent paraître rébarbatifs à un grand nombre de personnes, soit parce qu'elles sont peu familières de ce type d'expertise, soit parce qu'elles anticipent une complexité importante.
Par ailleurs, une présentation trop complexe ou mal calibrée sur la forme engendre des risques d'incompréhension de la part de l'auditoire, ou encore de désengagement. Il sera alors difficile d'atteindre les objectifs fixés.
Il faut ainsi vérifier que votre présentation répond bien aux critères suivants :

- **clarté de l'exposé** : veiller à éviter les termes trop complexes s'ils ne sont pas utiles ;
- **écriture soignée et correcte** : fautes d'orthographe et de syntaxe sont bien sûr à bannir ;
- **qualités esthétiques** : éviter les slides surchargées d'informations, écrites en police minuscule ou illisible ; veiller à adopter un jeu de couleurs cohérent tout au long de la présentation.

La forme ne porte pas par ailleurs que sur le support visuel, mais aussi sur la prise de parole en public. Des manuels, des formations ou des tutoriels de prise de parole en public peuvent vous aider sur ce point.
Il peut être utile de tester votre présentation auprès de publics tests (non-experts en analyse de données, par exemple), de manière à vous entraîner et à améliorer votre présentation visuelle et orale.

Exercices

Spécifier les objectifs

Exercice 1 : Spécifier les objectifs

> **Sur la Base 1 (disponible dans les ressources numériques en ligne), effectuer une analyse sur les déterminants du temps de travail des salariés.**

> **À partir de cette analyse, spécifier les objectifs que pourrait poursuivre une présentation sur le sujet au Comité de direction de l'entreprise.**

....

....

• Astuce : plusieurs objectifs sont possibles.

Exercice 2 : Adapter la présentation aux objectifs

> **Pour chacun des objectifs mentionnés à l'exercice 1, prévoir une trame de présentation.**

• Astuce : utiliser l'outil 43 pour définir la structure de base de la présentation et l'outil 44 pour l'adapter aux objectifs, c'est-à-dire pour accorder plus ou moins de poids aux différents éléments.

Exercice 3 : Produire la présentation

> **Produire les différentes présentations identifiées aux exercices 1 et 2.**

• Astuce : veiller au fond et à la forme.

Outil 45 S'adapter à la situation

> “ Le public, c'est le suffrage universel en art.
>
> Jules Renard

En quelques mots

Restituer les résultats d'une analyse de données peut avoir lieu dans différents cadres, différentes situations, auprès de différents auditoires. Il est nécessaire d'adapter le contenu et la forme de la présentation selon les éléments suivants :

- **objectifs** de l'étude et de la présentation (voir outil 44);
- **temps** consacré à la présentation;
- **caractéristiques** de l'auditoire.

LES FACTEURS AUXQUELS S'ADAPTER

Objectifs de l'étude et de la présentation	Comme l'indique l'outil 44, les objectifs nécessitent une dose importante d'adaptation. Ainsi, selon les objectifs poursuivis, un poids plus ou moins important sera accordé aux différents éléments qui constituent la structure de base.
Temps consacré à la présentation	On ne présente pas le même contenu en 5 ou en 30 minutes. Une présentation de 5 minutes n'est pas seulement le résumé d'une présentation de 30 minutes : elle doit viser des objectifs différents, être structurée différemment, sélectionner différemment les informations fournies.
Caractéristiques de l'auditoire	La présentation doit être adaptée selon : • le degré de familiarité de l'auditoire avec les méthodes statistiques ; • le degré de familiarité de l'auditoire avec le sujet abordé ; • la taille de l'auditoire.

POURQUOI L'UTILISER ?

Objectif

Distinguer les différents facteurs à prendre en compte pour adapter sa présentation.

Contexte

Il est courant de devoir restituer plusieurs fois les résultats de la même analyse de données, à destination d'auditoires différents, dans des situations différentes, et avec des durées de présentation différentes.
Il est alors tentant de conserver le même support pour chaque présentation, et de se contenter par exemple d'adapter son débit de parole.
Or, cette tentation représente un piège, car il est préférable d'adapter en profondeur l'ensemble de la présentation, support y compris.

COMMENT L'UTILISER ?

Étapes

1. Adapter la présentation aux **objectifs poursuivis** (voir outil 44).
2. Adapter la présentation au **temps qui lui est accordé**, en sélectionnant par exemple les informations à présenter.
3. Adapter la présentation aux **caractéristiques de l'auditoire** (compétences, expertise, taille).

Méthodologie et conseils

L'outil 44 mentionne comment les objectifs peuvent structurer une présentation. D'autres facteurs peuvent nécessiter une adaptation.
Ainsi, le temps dédié à la présentation nécessite une adaptation non seulement de la forme mais aussi du fond.
Dans le cas d'une présentation très courte (inférieure à 10 minutes), les éléments contextuels et méthodologiques peuvent être présentés très succinctement, de façon à arriver rapidement aux deux ou trois résultats les plus importants.
Dans le cas d'une présentation de durée moyenne (entre 10 et 30 minutes), il est possible de passer plus de temps sur chaque élément de la structure basique (voir outil 43), et de présenter l'ensemble des résultats.
Dans le cas d'une présentation de longue durée (plus de 30 minutes), il peut être pertinent de faire participer l'auditoire et de mobiliser différents formats de présentation : échanges avec l'auditoire, réflexion collective, ateliers de réflexion en petits groupes, etc.
Les caractéristiques de l'auditoire peuvent aussi nécessiter une adaptation du contenu : entrer dans les détails méthodologiques est peut-être excessif si l'auditoire a peu de familiarité avec les méthodes quantitatives.
À l'inverse, si l'auditoire est peu familier du sujet, il peut être nécessaire d'accorder plus d'importance à la contextualisation.
La taille de l'auditoire peut aussi jouer sur le format de présentation, en incitant à l'échange ou en le défavorisant au contraire.

Avant de vous lancer...

- ✓ **Bien vous renseigner en amont sur les objectifs de la présentation, sur le temps qui vous sera accordé, sur les caractéristiques de l'auditoire.**
- ✓ **Adaptez votre présentation à ces différents facteurs.**
- ✓ **Adaptez votre présentation à chaque situation, même s'il s'agit toujours de la même étude et des mêmes résultats.**

Outil 46 Privilégier la pédagogie

> La pédagogie est d'autant plus importante que l'analyse de données peut être perçue comme complexe et parfois rébarbative.

En quelques mots

Il est essentiel de présenter des résultats issus d'une analyse de données de manière pédagogique, c'est-à-dire accessible même à des non-connaisseurs. Sinon, le but de la restitution des résultats, c'est-à-dire transmettre les résultats de votre analyse, risque de ne pas être atteint. Pour cela, différentes bonnes pratiques peuvent être mobilisées :

- mobiliser un **vocabulaire accessible à tous** : éviter les termes techniques, ou bien les expliciter s'ils sont vraiment nécessaires;
- préciser **comment se lisent les schémas**, ou bien donner directement les résultats saillants issus de la lecture du schéma.

LA PÉDAGOGIE DE L'ANALYSE DE DONNÉES

Terme technique
Ex. : « régression linéaire multiple »

- Expliquer le terme
  « La régression linéaire multiple considère d'un côté une variable que l'on souhaite expliquer, de l'autre côté un ensemble de variables explicatives, etc. »
- Remplacer le terme par une périphrase
  « Technique permettant d'expliquer une variable par un ensemble de facteurs. »
- Supprimer le terme
  Ne pas mentionner la méthode, simplement préciser « toutes choses égales par ailleurs ».

Graphique ou tableau de chiffres
Ex. : nuage de points croisant salaire et âge, ou tableau indiquant les quartiles de revenu par tranche d'âge

- Donner la clé de lecture
  « Le schéma montre en abscisses l'âge et en ordonnées le revenu des clients. Il se lit de la façon suivante : (prendre un point en exemple). »
- Mentionner les résultats les plus saillants
  « Le schéma / tableau montre que le revenu croît avec l'âge, mais qu'il y a une forte variabilité des revenus quel que soit l'âge. »
- Identifier un groupe d'individus
  « On identifie que ce groupe d'individus (montrer le groupe) a un revenu très élevé par rapport à sa classe d'âge… »

POURQUOI L'UTILISER ?

Objectif

Présenter les résultats d'une analyse de données de manière suffisamment pédagogique.

Contexte

Des résultats issus d'une analyse de données peuvent parfois être complexes à expliquer et à comprendre.
Par ailleurs, quand l'analyse de données est effectuée dans une optique de prise de décision, les présentations peuvent viser un public de décideurs non-experts de l'analyse de données. Il est d'autant plus important de se montrer pédagogue.
En effet, restituer des résultats n'a pas d'intérêt si l'auditoire ne comprend pas les messages clés de la présentation, et ne peut pas la mobiliser pour mieux connaître un phénomène ou prendre des décisions.

COMMENT L'UTILISER ?

Étapes

1. **Prendre des renseignements sur le public cible** (public auquel les résultats doivent être présentés) en amont, et notamment sur son degré de maîtrise des méthodes quantitatives.
2. **Faire évoluer sa présentation** en fonction du degré de familiarité du public avec les méthodes d'analyse de données.
3. **Tester sa présentation** auprès de publics proches du public cible, et faire évoluer sa présentation en fonction des retours de ce public.

Méthodologie et conseils

Les termes techniques doivent être employés avec précaution.
Si un terme technique non connu de l'auditoire est nécessaire, il peut donner lieu à une explication technique, ou bien à une périphrase permettant à l'ensemble de l'auditoire de comprendre de quoi il s'agit.
Si un terme technique non connu de l'auditoire n'est pas nécessaire, il vaut mieux ne pas l'employer.
Les graphiques peuvent aussi donner lieu à des difficultés de compréhension.
Une première astuce constitue à mentionner la clé de lecture du graphique ou du tableau, c'est-à-dire expliciter comment il est construit et comment il se lit. Une deuxième possibilité consiste à présenter les résultats les plus saillants que vous avez vous-même identifiés à partir du graphique ou du tableau.
Enfin, un graphique ou un tableau peut aussi servir à identifier quelques individus, ou un groupe d'individus, en particulier pour justifier par exemple de centrer l'analyse ou l'action sur une partie seulement de la population.
La pédagogie liée à l'analyse de données peut mobiliser des techniques pédagogiques issues d'autres domaines (apprentissage par l'expérience, etc.). Des manuels ou des livres dédiés aux outils et techniques pédagogiques peuvent donc permettre de compléter cet outil.

Suite outil 46 →

Avant de vous lancer...

- ✓ **Même si les résultats que vous souhaitez présenter sont très intéressants, ils auront peu d'impact s'ils ne sont pas compris. La compréhension des résultats par le public est donc essentielle.**
- ✓ **Or, l'objectif de compréhension peut se heurter au fait que le public peut ne pas être expert de l'analyse de données et des méthodes statistiques.**
- ✓ **Il est alors essentiel de sélectionner les éléments à présenter et de les transmettre en mobilisant un vocabulaire accessible.**

Privilégier la pédagogie

COMMENT ÊTRE PLUS EFFICACE ?

Les annexes

Pour un public de non-experts, il n'est pas forcément pertinent de donner tous les détails méthodologiques, surtout s'ils font appel à des notions complexes. Ainsi, expliquer comment l'échantillon a été redressé ou quel logiciel a été utilisé n'est pas forcément utile. En revanche, ces détails peuvent être fournis en annexe du support principal.

Cela permet de garder l'information quelque part au cas où la question est posée, et de fournir l'information à des personnes que cela intéresserait mais qui n'auraient pas l'occasion de poser la question.

Les annexes peuvent donc constituer une solution pratique pour adapter la présentation au degré d'expertise de votre auditoire mais aussi au temps que vous pouvez consacrer à la présentation.

L'*executive summary*

L'*executive summary* est un très court résumé en quelques puces, sur une seule diapositive, des points saillants de la présentation. Il peut être structuré de la façon suivante :

- Contexte de l'étude.
- Données recueillies.
- Résultat 1.
- Résultat 2.
- Résultat 3.
- Questions que cela pose, ouverture, etc.

Il est donc très centré autour des résultats obtenus. En effet, l'objectif d'un *executive summary* consiste à favoriser une compréhension rapide des résultats de l'enquête, afin par exemple d'aboutir à une décision rapide.

Le format de l'*executive summary* est particulièrement adapté aux présentations orales de très courte durée (5 minutes). Le cas échéant, il peut être intéressant de fournir en plus de la diapositive contenant l'*executive summary* un support plus long et plus détaillé, que vos interlocuteurs pourront consulter à tête reposée.

Faire participer le public

Il faut éviter de perdre son auditoire dès le début de la présentation à cause d'un terme trop technique et mal compris. Ainsi, il vaut mieux répondre aux questions de définition au fil de la présentation, et pas uniquement à la fin.

En revanche, les questions de fond peuvent être conservées pour un temps d'échange dédié à l'issue de la présentation. Par ailleurs, il ne faut pas hésiter à vérifier auprès du public, quand c'est possible, si l'ensemble de l'auditoire maîtrise bien tel ou tel terme. Enfin, impliquer le public dans la présentation, par exemple en demandant l'avis des participants sur telle interprétation, favorise l'appropriation des résultats par l'auditoire.

Plus encore, l'auditoire peut comprendre des personnes qui connaissent mieux le sujet étudié que le présentateur, qui lui détient l'expertise statistique. Dès lors, ces personnes peuvent apporter des éléments interprétatifs précieux, liés au contexte par exemple.

Quand c'est possible, c'est-à-dire en fonction de la taille de l'auditoire et du temps dédié à la présentation, il peut être utile de favoriser l'interprétation collective des résultats obtenus en organisant des ateliers de réflexion (voir outil 47). Cela permet d'impliquer les participants et d'améliorer les interprétations.

Exercices

Construire une présentation avec pédagogie

Exercice 1 : Les annexes

> Sur la Base 2 (disponible dans les ressources numériques en ligne), effectuer une analyse sur les déterminants des retours de produits par les clients. À partir de cette analyse, produire une présentation détaillée. Décider ensuite quels éléments de cette présentation peuvent être mis en annexe pour chacune des situations suivantes :

1. présentation de 5 minutes à un comité exécutif ;
2. présentation de 15 minutes à un comité de direction ;
3. présentation de 30 minutes à une équipe commerciale ;
4. présentation de 2h à une équipe commerciale comprenant un atelier collectif de réflexion sur les mesures à prendre pour réduire les retours de produits.

> Pistes de réponses :

- Présentation de 5 minutes à un comité exécutif : utiliser l'*executive summary* (en une slide), mettre tout le reste de la présentation en annexe.
- Présentation de 15 minutes à un comité de direction : mettre la partie « méthodologie » et les éléments les plus techniques du contexte en annexe.
- Présentation de 30 minutes à une équipe commerciale (comprenant ou non un atelier collectif) : tout peut être conservé, mais les éléments de contexte et de méthodologie doivent être résumés et ne pas contenir de termes techniques.

Exercice 2 : L'executive summary

> Produire une diapositive d'*executive summary* de la présentation.

Exercice 3 : S'entraîner à l'oral

> Tester votre *executive summary* auprès d'un ami ou d'un collègue. À la fin, lui demander son avis sur ce qu'il a compris, sur la qualité de votre présentation (fond et forme). En déduire les points à améliorer.

Outil 47 Interpréter collectivement

> “ Interpréter des données collectivement permet de faire émerger des pistes de compréhension nouvelles et pertinentes.

En quelques mots

L'analyse de données peut dans certains cas produire des résultats difficiles à interpréter si on ne possède pas une bonne connaissance du métier ou du sujet étudié. Il est donc parfois nécessaire de faire appel à des **personnes expertes du métier ou du sujet**, qui elles n'ont pas forcément l'expertise en analyse de données, pour faciliter l'interprétation.

Plusieurs techniques d'animation favorisent l'interprétation collective :

- **questions ouvertes** à l'auditoire ;
- **ateliers de réflexion** ;
- **ateliers de mise en situation**.

DES TECHNIQUES D'ANIMATION AU SERVICE DE L'INTERPRÉTATION COLLECTIVE

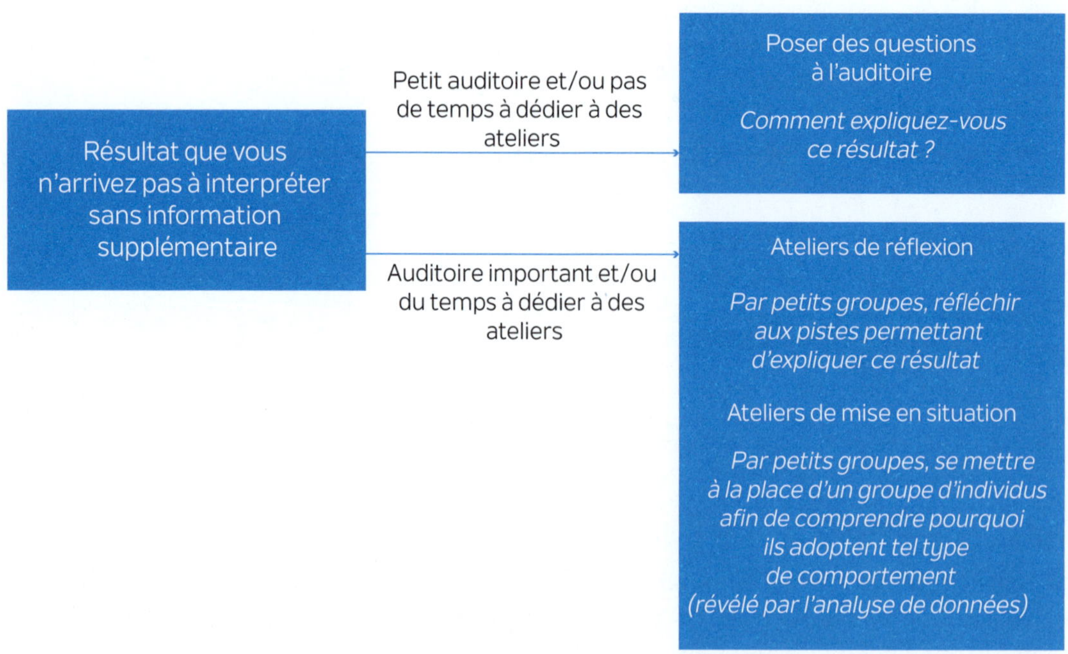

POURQUOI L'UTILISER ?

Objectif

Mobiliser des techniques d'animation favorisant l'interprétation et l'appropriation collectives des résultats, selon les situations de présentation.

Contexte

La personne qui effectue l'analyse de données n'est pas forcément experte du sujet qu'elle étudie, alors que d'autres personnes qui maîtrisent bien le sujet peuvent quant à elles ne pas maîtriser les techniques d'analyse de données.
Il peut donc être enrichissant, sinon nécessaire, de profiter des restitutions de résultats pour faire participer l'auditoire à des réflexions collectives. Plusieurs techniques d'animation s'y prêtent particulièrement bien :

- Poser des questions ouvertes à l'auditoire peut être pertinent en cas de petit groupe, et si la durée consacrée à la présentation ne permet pas d'organiser des ateliers à son issue.
- Les ateliers de réflexion consistent à faire réfléchir l'auditoire en petits groupes, par exemple autour d'un résultat particulièrement intéressant ou difficile à interpréter.
- Les ateliers de mise en situation consistent à projeter l'auditoire dans la peau d'un groupe d'individus clés au regard des résultats obtenus (les jeunes salariés qui restent peu de temps dans l'entreprise, les clients à faible revenu, etc.) pour essayer de comprendre pourquoi ils adoptent tel ou tel comportement.

COMMENT L'UTILISER ?

Étapes

1. **Tenir compte de la taille de l'auditoire** et du temps qu'il est possible de dédier à d'éventuels ateliers.
2. **Dédier du temps** à la restitution de la réflexion collective.

Méthodologie et conseils

Prenons par exemple un service RH chargé de gérer et de limiter l'absentéisme. Ce service peut ne pas maîtriser les techniques d'analyse de données, et donc faire appel à un expert en analyse de données externe ou interne.
Cet expert peut effectuer l'analyse de données, mais il aura besoin du service RH en charge de l'absentéisme, voire d'autres directions métiers de l'entreprise, pour interpréter certains résultats.
Supposons par exemple qu'il obtienne un résultat du type « toutes choses égales par ailleurs, les personnes travaillant dans l'entité ABC ont un taux d'absentéisme beaucoup plus élevé que la moyenne de l'entreprise ». Ce résultat ne peut être interprété et compris qu'en l'éclairant par les caractéristiques de l'entité ABC, ce qui peut nécessiter de faire appel par exemple à la direction de cette entité, ou même à des salariés de cette entité.
La restitution de la réflexion collective peut constituer un bon moyen de clôturer votre présentation. Cela permet aussi aux individus ayant participé de bénéficier des apports des autres.

Suite outil 47 →

Avant de vous lancer...

✓ **Il est normal que vous ne parveniez pas à interpréter tous les résultats que vous obtenez avec l'analyse de données.**

✓ **Des experts du sujet ou du métier peuvent alors participer à l'interprétation dans le cadre d'une restitution.**

Interpréter collectivement

COMMENT ÊTRE PLUS EFFICACE ?

Les Persona

En marketing, un Persona est une personne fictive représentant un groupe cible. Elle est dotée d'un ensemble d'attributs caractéristiques du groupe cible. La mobilisation de Persona en marketing permet de définir des produits ou services plus adaptés. Cette technique peut s'avérer particulièrement utile dans le cadre des ateliers de mise en situation. Prenons par exemple une analyse de données ayant abouti à une segmentation des salariés en fonction de leurs usages des outils digitaux. Si le but de l'entreprise est de favoriser l'usage du réseau social interne de l'entreprise, alors l'atelier visera à comprendre pourquoi certaines catégories de salariés ne mobilisent pas ce réseau social (résultat apporté par l'analyse de données). Imaginer un salarié doté de l'ensemble des caractéristiques de ce segment (genre, âge, type de métier, par exemple) peut faciliter l'interprétation et l'explication du faible usage du réseau social interne.

Solliciter directement les individus étudiés

Dans certains cas, les directions métier ou les experts du sujet ne parviennent pas non plus à interpréter un résultat. Il peut alors être pertinent de se tourner directement vers les personnes étudiées. Par exemple, si votre étude porte sur les comportements des clients dans votre magasin, vous pouvez organiser des ateliers réunissant, non pas des experts commerciaux ou marketing, mais des clients, pour mieux interpréter vos résultats. Ce type de démarche est cependant plus facile à réaliser quand les individus à étudier appartiennent à la même organisation (salariés par exemple).

Recueillir de nouvelles données

Dans d'autres cas, il peut être nécessaire de recueillir de nouvelles données.

Si vous obtenez des résultats sur les clients d'un site de vente en ligne, il peut être relativement difficile d'organiser des ateliers de réflexion avec ces clients distants.

En revanche, il est possible de leur demander de répondre à un questionnaire en ligne lorsqu'ils visitent le site Web. Le questionnaire peut alors comporter des questions permettant d'éclairer des résultats obtenus sur les données initiales.

Compléter l'analyse quantitative par d'autres types d'analyses

Enfin, l'analyse quantitative des données ne permet pas d'analyser et de comprendre l'ensemble des phénomènes (voir outil 1).

Dans certains cas, il peut être intéressant, sinon nécessaire, de compléter l'analyse quantitative par d'autres types d'analyses, qualitatives notamment. Si vous obtenez des résultats que vous ne parvenez pas à interpréter sur l'absentéisme, vous pouvez réaliser des entretiens avec des salariés (par exemple, des types de salariés caractérisés par un absentéisme élevé ou au contraire très faible).

Si vos résultats portent sur les comportements de clients dans un supermarché, vous pouvez mettre en place des procédures d'observation des clients.

L'analyse qualitative permet ainsi dans certains cas d'approfondir et de mieux comprendre les résultats obtenus par l'analyse quantitative.

Exercices

Collecter et interpréter des données

Exercice 1 : Qui solliciter ?

> **Reprendre l'exercice 1 effectué pour l'outil 46. Pour tous les résultats, identifier qui dans cette entreprise fictive pourrait vous aider à interpréter les résultats obtenus en apportant une expertise métier.**

• Rappel de l'exercice 1 de l'outil 46 : sur la Base 2 (disponible dans les ressources numériques en ligne), effectuer une analyse sur les déterminants des retours de produits par les clients. À partir de cette analyse, produire une présentation détaillée.

Exercice 2 : Définir de nouveaux modes de recueil de données

> **Toujours sur la même analyse, identifier ce qu'il vous faudrait comme informations supplémentaires sur les clients pour compléter votre analyse et améliorer vos interprétations. Définir ensuite un mode de recueil de ces informations. Pour un questionnaire, définir les questions du questionnaire.**

....

....

....

....

....

• Astuce : les outils 10 et 11 peuvent vous aider pour construire le questionnaire.

Exercice 3 : Définir de nouvelles méthodes de recueil et d'analyse de données

> **Toujours sur la même analyse, identifier ce qu'il vous faudrait comme informations supplémentaires sur les clients pour compléter votre analyse et améliorer vos interprétations, non accessibles par un questionnaire ou un mode de recueil de données quantitatives. Définir ensuite un mode de recueil de ces informations (entretien, observation, etc.).**

....

....

....

....

....

Outil 48 Tirer les conclusions pour l'action

> La présentation des résultats constitue un élément clé du passage de l'analyse à l'action.

En quelques mots

L'analyse de données peut être mobilisée à des fins de prise de décision et d'action : améliorer une politique de ressources humaines, proposer de nouveaux produits et services aux clients, détecter des failles dans des dispositifs de sécurité…

Cependant, le passage de l'analyse à l'action n'est pas évident. Il suppose de suivre une démarche spécifique, qui dépend de la manière dont les données ont été mobilisées : ont-elles été mobilisées pour **identifier un problème**, ou pour **résoudre un problème** déjà identifié ?

Cependant, même si les premières étapes peuvent différer, celles d'après sont identiques : **identification** des déterminants du problème, décision de **jouer sur ces déterminants**, décision liée à la **définition d'actions spécifiques**, décision liée à la **définition d'objectifs et d'indicateurs chiffrés**.

DE L'ANALYSE À L'ACTION

Présentation des résultats

Données utilisées pour identifier un problème	Recueil d'une base de données	Analyse des données : identification du problème	Analyse des données : identification des déterminants du problème	Décision : jouer sur les déterminants du problème	Décision : définition d'actions spécifiques	Décision : définition d'objectifs et d'indicateurs
	Recueil d'une base de données sur la satisfaction des clients *Problème identifié : insatisfaction des clients*	*Identification d'un problème d'insatisfaction des clients* *Recueil d'une base de données sur la satisfaction des clients*	*Identification des déterminants de l'insatisfaction (qualité des produits, vendeur, etc.)*	*Jouer sur les déterminants pour réduire le problème, ou décision de ne rien faire si le problème est moins coûteux que les solutions*	*Vérification de la qualité des produits, mise en place de formations pour les vendeurs, etc.*	*Définition d'indicateurs sur la mise en place des actions et sur la satisfaction des clients*
Données utilisées pour résoudre un problème déjà identifié	Recueil d'une base de données en lien avec le problème		Analyse des données : identification des déterminants du problème	Décision : Jouer sur les déterminants du problème	Décision : définition d'actions spécifiques	Décision : définition d'objectifs et d'indicateurs

POURQUOI L'UTILISER ?

Objectif

Définir les étapes à suivre pour mobiliser l'analyse de données à des fins d'action.

Contexte

Deux cas de figure se présentent généralement lorsqu'il s'agit de prendre une décision à la suite d'une analyse de données.

Dans le premier cas, un problème est identifié au préalable (par exemple, un problème d'insatisfaction des clients). Il faut alors identifier des données dont l'analyse permettra de mieux comprendre les sources de cette insatisfaction : achalandage, comportement des vendeurs, qualité des produits, etc. Une fois les sources majeures d'insatisfaction identifiées, l'étape suivante consiste à prendre la décision, soit d'agir pour résorber ces sources d'insatisfaction, soit de ne pas agir.

Ce dernier cas se justifie notamment quand le coût des mesures à prendre pour résorber l'insatisfaction est plus élevé que celui de l'insatisfaction.

L'étape suivante consiste à définir les actions spécifiques pour limiter les sources d'insatisfaction. Enfin, il faut associer ces actions à des objectifs et indicateurs d'implémentation et d'efficacité (voir outil 31).

Dans le second cas, les données sont justement mobilisées pour identifier un problème. Dans ce cas-là, il faut identifier des données qui permettent d'analyser le problème. Cela suppose de bien définir les contours de ce problème et les informations qui sont nécessaires pour mieux en comprendre les déterminants. Le dossier 2 donne des indications pour identifier les sources de données les plus adaptées. Les étapes d'après restent identiques au premier cas.

COMMENT L'UTILISER ?

Étapes

1. **Effectuer l'analyse** des résultats.
2. **Présenter constitue un élément clé** du passage de l'analyse à l'action. Cette présentation doit permettre de prendre la décision d'agir ou ne pas agir, et donc peut aborder les avantages et inconvénients associés à l'action ou la non-action.
3. En cas de décision d'action, **donner des éléments** permettant de définir des actions spécifiques. Par exemple, si plusieurs sources d'insatisfaction des clients sont identifiées, la présentation peut viser à donner des idées pour réduire ces sources.
4. Il est aussi possible et souhaitable de **faire participer l'auditoire** à la recherche de solutions.

Méthodologie et conseils

La présentation des résultats joue un rôle clé dans la démarche de prise de décision. Intervenant à la fin de l'étape d'analyse des données, elle doit viser à éclairer la décision d'agir ou pas, et ensuite donner des clés de définition des actions à mener. Par ailleurs, la séance de restitution peut être l'occasion de réunir les participants pour une réflexion collective sur ces actions et les objectifs et indicateurs associés.

Plusieurs outils d'animation peuvent être mobilisés pour faire participer l'auditoire à la recherche de solutions, dont les ateliers de réflexion ou de mise en situation mentionnés dans l'outil 47.

Suite outil 48 →

Avant de vous lancer...

✓ **Une analyse de données en entreprise a généralement une visée opérationnelle.**

✓ **La présentation des résultats doit donc respecter cette visée, en donnant des clés de décision et d'action.**

Suite outil **48**

Tirer les conclusions pour l'action

COMMENT ÊTRE PLUS EFFICACE ?

Présenter ses résultats pour orienter vers l'action

La présentation des résultats doit, le cas échéant, permettre de positionner l'auditoire dans une posture de décision et d'action. Pour cela, plusieurs éléments peuvent être abordés :

- ampleur du problème identifié : ce point vise à chiffrer le coût du problème;
- décomposition du problème en plusieurs déterminants, sources ou facteurs;
- priorisation de ces facteurs;
- éventuellement, propositions d'actions permettant de jouer sur chacun de ces facteurs;
- éventuellement, chiffrage du coût de ces actions : l'objectif consiste à favoriser la comparaison du coût du problème avec le coût des actions.

Idéalement, la séance de restitution peut aussi prévoir une séquence de réflexion collective permettant aux participants d'échanger entre eux sur ces différents éléments. Par ailleurs, des éléments autres que le coût peuvent entrer en ligne de compte : image de l'entreprise, volonté politique de réduire le problème identifié indépendamment de son coût, etc.

Le design thinking

Quelques principes issus du design thinking peuvent vous aider à animer la séquence de réflexion collective sur les actions à mettre en place. Le design thinking est une approche qui vise à développer la créativité et l'inventivité, en mettant notamment l'accent sur la concrétisation des idées en actions. Cette approche comporte plusieurs étapes, notamment :

- **phase de définition du problème** : circonscrire le problème à résoudre (dans l'exemple donné ici, identifier les sources d'insatisfaction que l'on souhaite résorber);
- **phase d'idéation** : chaque participant propose ses idées sans censure, et chaque proposition est examinée par l'ensemble du groupe;
- **phase de prototypage** : les ébauches d'actions concrètes et de mesures précises sont élaborées;
- **phase de sélection** : certaines actions sont sélectionnées par le groupe (en fonction des coûts par exemple);
- **phase d'implémentation** : les actions sélectionnées sont mises en place.

Ces différentes phases (jusqu'à la dernière) peuvent donc rythmer la séquence de réflexion collective.

Définir des objectifs et indicateurs d'implémentation

Comme indiqué dans l'outil 31, un plan d'action doit être accompagné d'objectifs et d'indicateurs d'implémentation, qui évaluent la mise en œuvre des différentes mesures définies.

Il faut que les actions concrètes et précises soient définies au préalable, car les objectifs et indicateurs dépendront fortement de ces dernières.

Définir des objectifs et indicateurs d'efficacité

Comme indiqué dans l'outil 31, un plan d'action doit aussi être accompagné d'objectifs et indicateurs d'efficacité, qui visent à mesurer si les actions ont bien atteint leur but.

Dans l'exemple donné ici, ces indicateurs peuvent entre autres mesurer l'éventuelle réduction progressive des sources d'insatisfaction et de l'insatisfaction globale au fil de la mise en place des actions correctrices.

Exercices

Interprétation et actions

Exercice 1 : Présenter de façon à orienter vers l'action

> **Reprendre l'exercice 1 effectué pour l'outil 46. Ajouter dans votre présentation les éléments indiqués ci-contre (ampleur du problème identifié, décomposition en plusieurs déterminants, priorisation de ces déterminants).**

....

....

• Rappel de l'exercice 1 de l'outil 46 : sur la Base 2 (disponible dans les ressources numériques en ligne), effectuer une analyse sur les déterminants des retours de produits par les clients. À partir de cette analyse, produire une présentation détaillée.

Exercice 2 : Définir des actions

> **À partir de cette présentation, définir des propositions d'actions pour chacun des déterminants.**

....

....

....

....

....

....

....

....

Exercice 3 : Définir des indicateurs

> **Définir des indicateurs d'implémentation pour chacune des propositions d'actions et des indicateurs d'efficacité pour chacun des déterminants du problème, et le problème en général.**

....

....

• Astuce : l'outil 31 peut vous aider pour définir les indicateurs.

DOSSIER 9

ÉVOLUTIONS RÉCENTES DANS L'ANALYSE DE DONNÉES

“

Un demi-siècle après que l'utilisation des ordinateurs s'est généralisée dans tous les segments de la société, les données ont commencé à s'accumuler à un point tel que l'on assiste actuellement à un phénomène nouveau et particulier.

Viktor Mayer-Schonberger et Kenneth Cukier

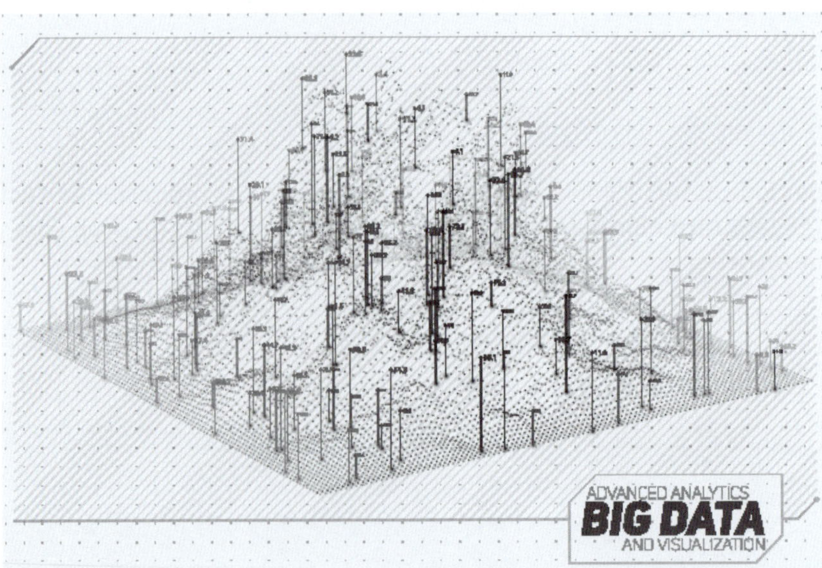

Cet ouvrage est essentiellement consacré à l'analyse de données classique, pourtant sur des données structurées et sur des volumes de données pouvant être stockés sur un seul ordinateur.

Cependant, la digitalisation s'est accompagnée d'un essor considérable du volume de données, mais aussi de leur variété : le digital produit des données de type nouveau, comme les données de géolocalisation ou de santé connectée, par exemple. En parallèle, des progrès considérables ont été réalisés dans le domaine informatique, permettant de traiter des volumes de données beaucoup plus conséquents (calcul distribué par exemple).

C'est la combinaison de ces deux phénomènes qui est qualifiée de « big data », même s'il est nécessaire de définir un peu plus précisément cette notion. Il n'est pas dans notre propos d'entrer dans les subtilités techniques et informatiques des méthodes utilisées pour traiter ce big data, abordées dans d'autres manuels.

En revanche, ce dossier vise à donner des éléments de méthodologie et de compréhension sur le sujet, et à aborder des thématiques telles que l'intelligence artificielle, l'automatisation, etc.

Quelques notions clés

Des notions clés seront présentées dans ce dossier, en particulier :

- la distinction entre données structurées et non structurées;
- la notion d'apprentissage et la distinction entre l'apprentissage supervisé et non supervisé ;
- la notion d'intelligence artificielle.

Par ailleurs, certaines méthodes seront présentées, notamment en lien avec l'analyse sémantique.

Des objectifs nouveaux

Les algorithmes de traitement du big data et l'intelligence artificielle s'accompagnent aussi d'objectifs nouveaux : automatisation, prédiction, notamment. Ces objectifs s'accompagnent d'enjeux juridiques et éthiques qu'il est fondamental de prendre en considération.

Les outils

Outil 49 Définitions : big data, intelligence artificielle

> « La notion de big data peut être définie de multiples façons.

En quelques mots

La notion de big data reste encore confuse et polysémique. Un rapport de Gartner, datant de 2001, a proposé de caractériser le big data au moyen de 3 V, auxquels 2 autres V ont été ajoutés par la suite : **Volume**, **Vitesse**, **Variété**, **Véracité**, **Valeur**.

Cependant, cette définition caractérise essentiellement les données, et pas les usages ou traitements qui en sont faits. D'autres ouvrages ou auteurs se sont intéressés aux méthodes permettant de traiter ces données, mettant ainsi l'accent sur les notions d'**algorithmes**, d'**apprentissage** (*machine learning*), de **prédiction** et d'**automatisation**.

Finalement, l'intelligence artificielle, qui vise à faire reproduire par une machine et donc à automatiser des tâches auparavant dévolues à des êtres humains, est un des usages du big data.

LES 5 V DU BIG DATA

Volume
Térabytes à exabytes de données

Vitesse
Données dynamiques, analyse en temps réel

Variété
Sources de données hétérogènes, structurées et non structurées

Véracité
Données incertaines, question de la qualité des données

Valeur
Création de valeur à partir des données

POURQUOI L'UTILISER ?

Objectif

Cet outil permet se familiariser avec les notions de big data et d'intelligence artificielle.

Contexte

Les principales caractéristiques du big data renvoient à des volumes massifs de données produites par les outils digitaux (Volume). Certaines bases de données sont telles qu'elles ne peuvent pas être stockées sur des ordinateurs classiques mais sur des serveurs. Ce phénomène est accentué par la mise à jour des données en temps réel (Vitesse), qui accroît considérablement leur volume. Par ailleurs, elles sont de types variés (Variété), et incorporent par exemple des données non structurées (texte, image, vidéo). Deux autres « V » ont été ajoutés par la suite. La Véracité renvoie à la qualité des données et à l'arbitrage entre qualité et quantité de données. La Valeur correspond à l'idée de tirer un bénéfice des données.
Cependant, s'intéresser aux caractéristiques des données ne suffit pas, encore faut-il s'intéresser aussi aux méthodes permettant de les traiter et aux usages qui en découlent. Parmi ces usages figure l'intelligence artificielle. Celle-ci renvoie à l'automatisation de tâches supposées réservées à l'intelligence humaine : traitement du langage, production d'œuvres artistiques, conduite de voitures... L'automatisation de ces tâches suppose de très gros volumes de données (pour que les machines puissent « apprendre » à partir de ces données), d'où les liens avec le big data.

Méthodologie et conseils

Les discours des entreprises n'hésitent pas à mobiliser les notions de big data et d'intelligence artificielle, parfois à tort. Par exemple, un outil qui sélectionne des profils sur la base de critères précis et prédéfinis par des êtres humains n'est pas de l'intelligence artificielle, car l'outil n'apprend pas au fur et à mesure et ne peut pas proposer de solutions nouvelles. Certains auteurs et ouvrages soulignent des évolutions dans les traitements et usages, notamment en mobilisant la notion d'algorithmes, qui renvoie à des suites d'instructions permettant de traiter des données.
Si la distinction entre apprentissage supervisé et non supervisé n'est pas récente (voir outils 52 et 53), les concepts et méthodes liés à l'apprentissage profond (*deep learning*) ont énormément progressé dans les dernières années et permettent d'envisager aujourd'hui de nouveaux usages.
Enfin, le projet d'utiliser l'analyse de données et les algorithmes à des fins de prédiction et d'automatisation (de tâches ou de la prise de décision) a aussi considérablement bénéficié de l'essor du volume de données et des progrès informatiques réalisés dans le domaine de leur traitement.

COMMENT L'UTILISER ?

Étapes

1. **Bien connaître les définitions** du big data et de l'intelligence artificielle.
2. **Comprendre** en quoi ces phénomènes sont nouveaux et les nouveaux usages qui peuvent en découler.

Avant de vous lancer...

- ✓ **Les notions de big data et d'intelligence artificielle sont de plus en plus utilisées, parfois à tort.**
- ✓ **D'autres notions connexes et plus précises peuvent être mobilisées : apprentissage non supervisé (voir outils 52 et 53), algorithmes, etc.**

Outil 50

Données structurées et non structurées

> “ Les données non structurées ne sont pas préformatées. Cela nécessite donc de mobiliser des méthodes spécifiques, et cela a des implications notamment en matière de stockage des données.

En quelques mots

Les méthodes présentées dans les huit dossiers précédents portent essentiellement sur des **données structurées**, qui sont formatées et peuvent entrer dans les cases d'un tableur. Cependant, la digitalisation a contribué à l'émergence d'un volume croissant de **données non structurées**, qui ne sont pas préformatées : texte, image, vidéo, son, etc.

S'il existe aujourd'hui des méthodes permettant de traiter certaines de ces données non structurées, elles posent cependant des enjeux en matière de stockage (car elles représentent des volumes importants) et de protection des données.

DONNÉES STRUCTURÉES ET NON STRUCTURÉES : SOURCES ET MÉTHODES

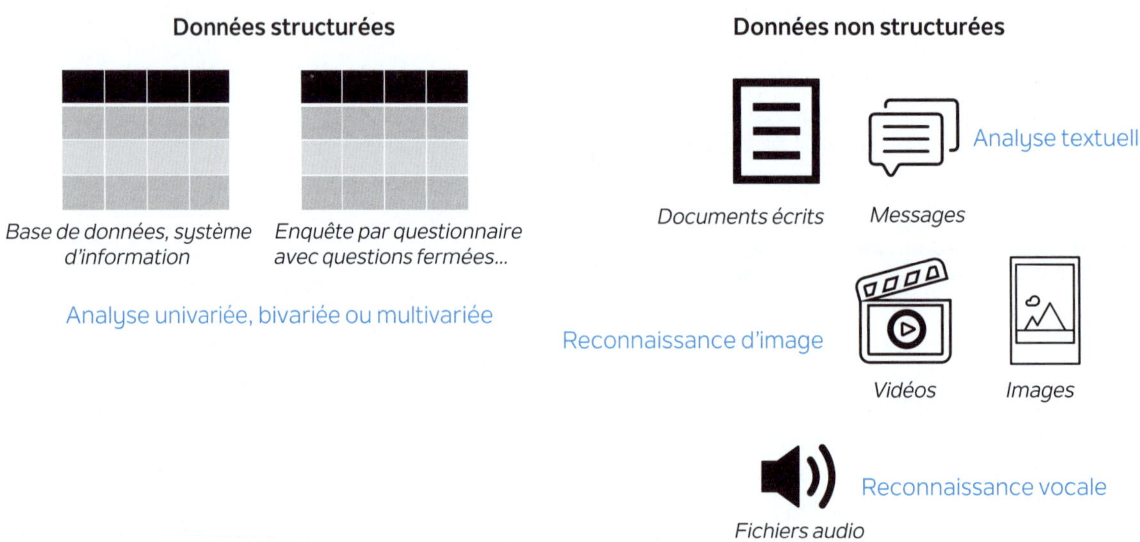

POURQUOI L'UTILISER ?

Objectifs

- Identifier des sources de données structurées et non structurées.
- Connaître des exemples de méthodes à utiliser pour les traiter.

Contexte

La digitalisation produit des quantités très importantes de données, et notamment des données non structurées, non préformatées (texte, image, vidéo, audio...). Ces données nécessitent des méthodes d'analyse spécifiques.
Ainsi, les documents écrits peuvent donner lieu à une analyse textuelle (voir outil 51). Les images et vidéos peuvent donner lieu à de la reconnaissance d'image, et les fichiers audio à de la reconnaissance vocale.
La reconnaissance d'image comme la reconnaissance vocale nécessitent généralement des outils d'apprentissage sophistiqués (voir outils 52 et 53).
Certaines données ne sont pas préformatées mais peuvent être associées à des métadonnées et des référentiels facilitant leur traitement : on les qualifie alors de données semi-structurées.
Par exemple, si vous disposez d'un fichier texte accompagné de métadonnées sur les mots les plus fréquemment utilisés, sur la longueur du texte, et autres caractéristiques, vous pouvez considérer qu'il s'agit de données semi-structurées.

COMMENT L'UTILISER ?

Étapes

1. Identifier si les données dont vous disposez sont structurées ou non en fonction de leur structure : les données structurées sont formatées et peuvent entrer dans un tableur, à l'inverse des données non structurées.
2. Dans certains cas, **il est possible de transformer des données** non structurées en données structurées. Par exemple, un fichier texte peut donner lieu à des statistiques sur les fréquences d'apparition des mots et leur position dans le texte.
Un fichier audio peut donner lieu à des statistiques sur le nombre d'interlocuteurs qui s'expriment, sur le nombre de thématiques abordées, sur la tonalité de la discussion.
3. Si cela n'est pas possible, **il faut utiliser des méthodes prévues spécifiquement** pour la mobilisation et le traitement de données non structurées : analyse textuelle (voir outil suivant), reconnaissance d'image, reconnaissance vocale.

Méthodologie et conseils

Les données non structurées peuvent être très volumineuses : que l'on songe au volume de l'ensemble des vidéos postées sur YouTube !
Par ailleurs, elles ne peuvent pas être stockées dans des bases de données classiques. Leur stockage obéit donc à des règles différentes.
De plus, n'importe quel individu a accès à des données non structurées (vidéos, textes, sons) et en produit quotidiennement, alors que l'accès aux données structurées (bases de données brutes) est généralement plus limité.
Les données non structurées sont donc beaucoup plus diffuses et omniprésentes dans les organisations. Cela complexifie leur sécurisation.

Avant de vous lancer...

- ✓ **La digitalisation produit de nombreuses données non structurées, qu'il devient possible de traiter et d'analyser.**
- ✓ **Cependant, cela suppose de mobiliser des méthodes spécifiques.**

Outil 51 L'analyse textuelle

"L'analyse textuelle peut analyser la fréquence et la cooccurrence des mots (analyse lexicométrique), mais aussi la signification du texte (analyse sémantique).

En quelques mots

L'analyse textuelle peut se fonder sur plusieurs méthodes. Une partie de ces méthodes consiste à transformer la donnée textuelle non structurée en donnée structurée, par exemple en mesurant la fréquence et la proximité des mots entre eux. Ces méthodes sont généralement qualifiées d'**analyse lexicométrique**, et mobilisent certains des outils présentés dans les dossiers précédents.
Une autre partie de ces méthodes, dont les développements sont plus récents, consiste à analyser la signification du texte. On parle alors plutôt d'**analyse sémantique**.

ANALYSE LEXICOMÉTRIQUE, ANALYSE SÉMANTIQUE

	Analyse lexicométrique	Analyse sémantique
Exemples d'objectifs	Analyser les mots les plus fréquemment utilisés par des clients à propos d'un produit. Proposer une typologie des différents types d'arguments mobilisés par les entreprises concurrentes dans leur stratégie marketing.	Analyser la tonalité d'un ensemble de tweets mentionnant une marque. Mettre au point un chatbot (robot conversationnel). Automatiser la production de résumés de textes.
Méthodes	Statistique lexicale (mesure de la fréquence des mots). Statistique textuelle (mesure de la fréquence et de la cooccurrence des mots).	Apprentissage profond.
Logiciels	Alceste, IRaMuTeQ	Pour l'instant, certains prestataires proposent ce type d'analyse.

POURQUOI L'UTILISER ?

Objectif

Cet outil permet de différencier analyse lexicométrique et analyse sémantique.

Contexte

Les entreprises disposent aujourd'hui de quantités très importantes de textes, qu'ils soient produits par les clients ou potentiels clients, les salariés, les entreprises concurrentes, etc.
Pouvoir les analyser et mettre en place des actions suite à ces analyses représente donc un enjeu crucial. Deux types d'analyses peuvent être mobilisés : l'analyse lexicométrique, qui produit des statistiques sur les textes sans tenir compte du sens des mots, et l'analyse sémantique, qui tient compte du sens des mots.

COMMENT L'UTILISER ?

Étapes

1. Définir quel est l'objectif de votre analyse textuelle : identifier quels sont les termes les plus courants, identifier des tendances récurrentes dans les mots mobilisés, ou bien analyser le sens et la tonalité du message?
Autrement dit, avez-vous besoin que l'analyse tienne compte du sens des mots, ou pas?
2. En déduire le type d'analyse à privilégier : lexicométrique dans le premier cas, sémantique dans le second.

Méthodologie et conseils

L'analyse lexicométrique date de la seconde moitié du xxe siècle. Elle repose sur le postulat que l'on peut transformer l'information non structurée contenue dans un texte en information structurée.
Autrement dit, elle repose sur le fait de transformer un ensemble de mots (le texte) en un tableau de données. Pour cela, deux approches sont possibles.
La première approche consiste à mesurer la fréquence de chaque mot, ce qui permet ensuite de mesurer quels sont les mots les plus fréquents.
La seconde approche consiste à s'intéresser plutôt à la cooccurrence des mots, de manière à créer des groupes de mots proches.
L'analyse sémantique est plus récente et reste pour l'instant peu développée (ce dont il faut tenir compte aussi au moment du choix de la méthode). Elle vise à analyser le sens d'un texte. Les cas d'usage sont nombreux : analyser la tonalité d'un nombre important de textes, mettre au point un robot conversationnel ou un assistant de réponse automatique à des courriels, automatiser la traduction ou la production de résumés de textes...
Plus récemment, le traitement du langage naturel a fait d'énormes progrès, permettant ainsi l'essor d'outils tels que ChatGPT qui peut produire du texte (d'où la notion d'intelligence artificielle « générative »). Ces outils fonctionnent grâce à de nombreux réseaux de neurones entraînés sur un vaste corpus de textes permettant au modèle d'apprendre les structures grammaticales, le vocabulaire et les expressions courantes.

Suite outil 51 →

Avant de vous lancer...

- ✓ **Les données textuelles sont omniprésentes.**
- ✓ **Elles peuvent donner lieu à différents types d'analyse : analyse lexicométrique, analyse sémantique et, plus récemment, traitement du langage naturel.**

L'analyse textuelle

COMMENT ÊTRE PLUS EFFICACE ?

Exemple de démarche avec le logiciel libre IRaMuTeQ

Le logiciel libre IRaMuTeQ fonctionne avec le logiciel R, qui doit donc également être installé sur votre ordinateur. Le site iramuteq.org vous indique les différentes installations à effectuer (R et IRaMuTeQ, essentiellement).

Mettre en forme son corpus

Un corpus est un ensemble de texte. Pour qu'il puisse être lu par IRaMuTeQ, il faut que l'ensemble du corpus soit regroupé dans un fichier texte (.txt) au format UTF8, avec 4 étoiles (****) pour distinguer chaque texte du corpus. Par exemple, si vous étudiez les commentaires de vos clients en réponse à un questionnaire sur votre magasin, vous pouvez séparer chaque commentaire par 4 étoiles. Les textes peuvent aussi être référencés par des variables (indiquant qui a produit le texte, par exemple, ou toute autre spécificité intéressante pour votre analyse). Dans l'exemple mentionné ci-dessus, vous pouvez par exemple indiquer quel type de produits le client venait chercher, quels rayons il a fréquentés, à quelle heure il est venu dans le magasin, etc. Une fois le corpus mis en forme, il faut le charger dans IRaMuTeQ.

Statistique lexicale

La commande « Statistiques » (accessible depuis l'interface, clic droit sur le corpus chargé) fournit des statistiques descriptives sur le corpus : nombre de mots, nombre de signes, etc. Il est également possible d'obtenir la fréquence d'apparition de chaque mot. La commande « Nuage de mots » présente cette information sous forme visuelle.

Statistique textuelle

La commande « Analyses de similitudes » se fonde sur la cooccurrence des mots dans un même segment de texte.
Elle permet de visualiser le corpus sous forme de groupes de mots, plus ou moins liés les uns aux autres, et homogènes, au sens où tous les mots présents dans un groupe apparaissent fréquemment dans les mêmes segments.
Cette commande permet donc de voir quels sont les mots qui apparaissent généralement de façon concomitante dans les commentaires. Par exemple, si les mots « bricolage » et « problème » et « stock » sont utilisés, vous pouvez sans doute en déduire qu'il y a des problèmes de stock au rayon bricolage.
La commande « Classification > Méthode Reinert » permet de préciser cette première analyse par une typologie des différents types de discours qui apparaissent au sein du corpus.
Ainsi, elle fournit un petit nombre de classes, caractérisées par une homogénéité forte des mots et groupes de mots. Ce type d'analyse nécessite des efforts d'interprétation importants : il faut interpréter chaque classe à partir des mots qui y sont le plus fréquents et surtout qui permettent de distinguer cette classe par rapport à d'autres (mots très fréquents dans cette classe et très peu fréquents dans les autres).
Il est possible de cliquer sur chaque mot pour obtenir des extraits de texte où ils apparaissent, ce qui peut faciliter l'analyse.

Cas d'entreprise

Projet Oxygen de Google : utilisation de l'analyse textuelle en ressources humaines

Problématique

Google est une entreprise fondée en 1998. En 2002, Google employait environ 700 personnes, et 35 000 en 2012. Récemment, une équipe dédiée à l'analyse quantitative de données liées aux ressources humaines s'est interrogée sur l'importance du management. Elle a cherché plus précisément à répondre aux questions suivantes :

- Les managers sont-ils utiles?
- Qu'est-ce qu'un bon manager?

L'étude

La première étape de l'étude a consisté à analyser les données issues des entretiens de départ, pour voir si des problèmes managériaux pouvaient engendrer des départs de salariés. Cependant, le faible turn-over n'a pas permis d'obtenir des résultats fiables sur l'ensemble de l'entreprise.

La deuxième étape a consisté à mobiliser des données issues d'une enquête de satisfaction par laquelle les salariés devaient noter leur manager. Cette étape visait à comparer les équipes des managers les mieux notés et celles des managers les moins bien notés, sur le plan du turn-over et du bien-être des salariés, entre autres. L'étude a en effet montré des différences, ce qui a contribué à souligner l'importance des managers.

La troisième étape visait à répondre à la question « qu'est-ce qu'un bon manager? ». Cette étape s'est fondée sur une série d'entretiens menés auprès de managers bien et mal notés, en leur demandant quels pratiques et comportements managériaux ils mettaient en œuvre dans leur quotidien, mais aussi sur des milliers de commentaires qualitatifs issus de l'enquête de satisfaction, d'entretiens d'évaluation, etc. L'équipe a codé l'ensemble de ces matériaux textuels et a ainsi identifié huit comportements ou pratiques managériaux caractérisant les « bons managers » : être un bon coach, responsabiliser les membres de l'équipe et ne pas faire de micro-management, montrer de l'intérêt pour les succès et le bien-être des membres de l'équipe, être productif et orienté vers les résultats, être un bon communicant (écouter et partager l'information), aider les membres de l'équipe sur le plan de la carrière et du développement professionnel, avoir une vision claire et une stratégie pour l'équipe, disposer des compétences techniques suffisantes pour accompagner et conseiller l'équipe.

La quatrième étape a consisté à identifier les axes d'amélioration de chaque manager, dans une optique de formation. Ainsi, les salariés ont été interrogés sur la mise en œuvre par leur manager des huit comportements et pratiques identifiés.

Finalement, les managers ont pu bénéficier de formations adaptées à leurs besoins spécifiques.

L'analyse textuelle a donc été nécessaire à plusieurs étapes de cette enquête : notamment, lors de la première étape et l'étude des entretiens de départ, puis lors de la troisième étape et l'analyse des entretiens, des commentaires, des entretiens d'évaluation.

Source : « Google's Project Oxygen : Do Managers Matter », David A. Garvin, Alison Berkley Wagonfeld et Liz Kind, Harvard Business Review, 2013

Outil 52 Les algorithmes et la notion d'apprentissage

> Les notions d'algorithme et d'apprentissage sont anciennes, mais ont pris une importance nouvelle avec l'informatisation et l'essor du volume de données.

En quelques mots

Les discours autour du big data mobilisent régulièrement les notions d'**algorithmes** et d'**apprentissage** (*machine learning*, *deep learning*, par exemple).

Ces deux notions sont anciennes, mais renvoient à des éléments spécifiques clés dans le cadre de l'analyse de données. En effet, les **algorithmes** permettent entre autres d'automatiser le traitement des données. L'**apprentissage** est quant à lui au fondement de la majorité des modèles d'analyse de données, dont ceux qui ont été présentés dans ce manuel. Il s'agit tout simplement de la capacité fondamentale d'un modèle à apprendre et restituer des informations à partir des données.

ALGORITHMES ET APPRENTISSAGE

	Algorithmes	Apprentissage (automatique) / *machine learning*
Définition	Suite d'opérations permettant de résoudre une catégorie de problèmes. Un algorithme reçoit des informations (par exemple, des données) en entrée et produit une nouvelle information en sortie (par exemple, une nouvelle donnée).	L'apprentissage renvoie à la capacité d'un modèle à apprendre à partir des données.
Exemples	Régression linéaire (voir outils 28 et 29) : il s'agit d'une suite d'instructions qui à partir d'un ensemble de données en entrée produit en sortie des coefficients. Méthodes de classification : il s'agit d'une suite d'instructions qui à partir d'un ensemble de données en entrée produit en sortie des groupes homogènes.	Régression linéaire : le modèle « apprend » les coefficients à partir des données. Apprentissage profond (réseaux de neurones) : ensemble de modèles qui permettent d'analyser des données complexes (non structurées notamment) et donc d'apprendre à partir d'elles grâce à l'empilement de plusieurs couches de modélisation.

POURQUOI L'UTILISER ?

Objectif

Distinguer et maîtriser les notions d'algorithmes et d'apprentissage.

Contexte

La notion d'algorithmes renvoie à une suite d'opérations permettant de traiter un problème.
Les progrès réalisés dans le domaine de l'informatique ont permis de complexifier et d'automatiser les algorithmes, notamment en matière de traitement des données.
La notion d'apprentissage est au fondement des modèles d'analyse de données. Il existe cependant différents niveaux de complexité d'apprentissage.

COMMENT L'UTILISER ?

Étapes

1. **Bien maîtriser les notions d'algorithmes et d'apprentissage** :

- Les algorithmes renvoient à des suites d'opérations nécessaires pour résoudre un problème. Ainsi, décomposer une multiplication d'un nombre à deux chiffres par un nombre à un chiffre (ex. : 55 x 2) par la somme de la multiplication des dizaines et de celle des unités pour produire le résultat (50 x 2 + 5 x 2 = 110) est un algorithme.
- L'apprentissage est la capacité du modèle à produire une nouvelle information à partir de données.

Ainsi, un modèle de régression apprend les coefficients à partir des données.

2. **Ces notions sont à la base de nombreuses méthodes** mobilisées pour traiter des données, et entre autres de l'intelligence artificielle.

Leur maîtrise est donc essentielle pour pouvoir échanger avec des spécialistes d'analyse de données.

Méthodologie et conseils

Les notions d'algorithmes et d'apprentissage ont pris une place considérable dans les discours sur l'analyse de données et notamment l'intelligence artificielle.

Les progrès réalisés dans le domaine de l'informatique ont permis d'automatiser des algorithmes de plus en plus complexes. Ainsi, la régression linéaire multiple que vous réalisez sur un logiciel repose sur des algorithmes évidemment plus complexes.
La notion de *machine learning* est également de plus en plus fréquente. Elle est traduite en français par « apprentissage automatique ».
La notion d'apprentissage est fondamentale dans tous les modèles d'analyse de données, dont les modèles de régression.
Encore une fois, les progrès réalisés dans le domaine de l'informatique ont permis de complexifier considérablement les types d'apprentissage, allant jusqu'à des modèles dont les capacités et les modalités d'apprentissage restent opaques même à leurs concepteurs. Ainsi, les réseaux de neurones sont composés de plusieurs couches, et combinent différents types de méthodes, et ce qui est appris et produit par le modèle à chaque couche reste en partie opaque.

Avant de vous lancer...

✓ **Les notions d'algorithmes et d'apprentissage sont généralement considérées comme des notions complexes.**

✓ **Cependant, un simple modèle de régression linéaire multiple (voir outil 29) est un exemple d'algorithme et d'apprentissage !**

✓ **Il ne faut donc pas se laisser impressionner par ces notions.**

Outil 53

L'apprentissage supervisé ou non supervisé

> « L'apprentissage supervisé se fonde sur des ensembles regroupant des données en entrée et en sortie et cherche le lien entre les deux ; l'apprentissage non supervisé se fonde sur des données en entrée, et doit produire les données en sortie.

En quelques mots

Il existe deux types d'apprentissage : l'apprentissage supervisé et l'apprentissage non supervisé.

L'**apprentissage supervisé** repose sur un ensemble de données comportant des **données en entrée** et des **données en sortie**. Ainsi, dans le cas d'une régression linéaire ou logistique multiple, la base contient à la fois les données d'entrée (les variables explicatives, ou déterminants) et des données de sortie (la variable à expliquer). L'objectif consiste alors à identifier les liens entre ces variables.

L'**apprentissage non supervisé** repose sur un ensemble de données comportant uniquement des données en entrée, et pas de données en sortie. Ainsi, dans le cas d'une analyse typologique, on dispose des données en entrée, mais pas des classes finales. L'objectif consiste à produire ces données en sortie (les classes finales).

APPRENTISSAGE SUPERVISÉ ET NON SUPERVISÉ

	Apprentissage supervisé	Apprentissage non supervisé
Définition	Le modèle dispose des données en entrée et en sortie, et doit identifier les liens entre les deux.	Le modèle dispose uniquement des données en entrée, et doit produire les données en sortie.
Exemples	Régression linéaire ou logistique (voir outils 28 à 30) : le modèle doit trouver l'équation qui modélise le mieux le lien entre les données d'entrée et de sortie.	Analyse factorielle ou typologique (voir outils 26 et 27) : le modèle doit produire en sortie des combinaisons de variables (analyse factorielle), ou les classes finales des individus (analyse typologique).

POURQUOI L'UTILISER ?

Objectif

Distinguer les notions d'apprentissage supervisé et non supervisé.

Contexte

Les notions d'apprentissage supervisé et non supervisé apparaissent régulièrement dans les discours liés au big data. Elles renvoient à une distinction essentielle liée aux données traitées et aux objectifs des traitements effectués.
Parmi les outils présentés dans cet ouvrage, les techniques de régression constituent des exemples d'apprentissage supervisé, puisqu'elles se fondent sur la distinction fondamentale entre variables explicatives et variable à expliquer.
Les techniques d'analyse factorielle et d'analyse typologique constituent des exemples d'apprentissage non supervisé, puisqu'à la fin ces techniques produisent de nouvelles variables dans la base : coordonnées des individus sur les axes pour l'analyse factorielle, classe des individus pour l'analyse typologique.

COMMENT L'UTILISER ?

Étapes

1. Bien maîtriser les notions d'apprentissage supervisé et non supervisé.

- Dans le cas de l'apprentissage supervisé, vous disposez de données que vous pouvez étiqueter en données d'entrée et données de sortie.

Par exemple, vous avez l'âge d'une personne et son salaire, et vous souhaitez en déduire un lien entre âge et salaire : l'âge est la donnée d'entrée, et le salaire la donnée de sortie.

- Dans le cas de l'apprentissage non supervisé, vous disposez de données qui sont toutes de statut équivalent, et que vous ne pouvez pas ranger en données d'entrée et données de sortie. En revanche, vous souhaitez que le logiciel vous produise de nouvelles données dans la base.

2. Ces notions sont à la base de nombreuses méthodes mobilisées pour traiter des données, et entre autres du big data. Leur maîtrise est donc essentielle pour pouvoir échanger avec des spécialistes d'analyse de données.

Méthodologie et conseils

Les notions d'apprentissage supervisé et non supervisé sont généralement considérées comme des notions complexes. Or, l'ensemble des méthodes présentées dans le dossier 5 constituent des exemples d'apprentissage supervisé ou non supervisé ! Il ne faut donc pas se laisser impressionner par ces notions.
C'est généralement la combinaison de l'objectif de l'analyse et des caractéristiques des données qui permet de distinguer les cas d'apprentissage supervisé des cas d'apprentissage non supervisé. Si vous souhaitez mesurer une relation de cause à effet entre deux phénomènes mesurés dans la base de données, vous êtes dans de l'apprentissage supervisé. À l'inverse, si vous êtes dans une approche plus exploratoire sans hypothèse ou idée préconçue, vous êtes généralement dans un cas d'apprentissage non supervisé.

Suite outil 53 →

Avant de vous lancer...

✓ La notion d'apprentissage supervisé renvoie au cas où la base de données comprend les données d'entrée et de sortie, et celle d'apprentissage non supervisé au cas où la base de données ne comprend pas les données de sortie.

✓ Les méthodes utilisées ne sont pas les mêmes : les modèles de régression sont des exemples d'apprentissage supervisé, quand les analyses factorielles et typologiques sont des exemples d'apprentissage non supervisé.

Suite outil 53

L'apprentissage supervisé ou non supervisé

COMMENT ÊTRE PLUS EFFICACE ?

L'importance de l'objectif

Un même jeu de données peut donner lieu à de l'apprentissage supervisé ou non supervisé en fonction de l'objectif poursuivi.
Imaginons que vous disposiez d'un jeu de données sur l'absentéisme des salariés (durée, fréquence, motif des absences, etc.) sur l'année 2025, ainsi que sur les caractéristiques individuelles des salariés (genre, âge, ancienneté, métier exercé, etc.) au 31/12/2024.
Si votre objectif est d'identifier quels sont les déterminants individuels de l'absentéisme, alors vous serez dans un cas d'apprentissage supervisé. Vous allez en effet déterminer que vos données en entrée sont les caractéristiques individuelles, et les données en sortie un des indicateurs d'absentéisme présents dans la base : durée, fréquence, motif, ou une combinaison de la durée et de la fréquence par exemple. Vous mobiliserez ensuite sans doute un modèle de régression.
Si votre objectif est d'identifier des classes de types d'absentéisme, alors vos données en entrée sont celles portant sur l'absentéisme des salariés, et vous n'avez pas les données en sortie (qui sont les types d'absentéisme). Vous vous situez donc dans un cas d'apprentissage non supervisé, et vous utiliserez sans doute une analyse typologique.

Des types d'apprentissage non exclusifs

Il est possible de combiner les deux types d'apprentissage au sein d'une même démarche. Ainsi, dans le premier exemple donné ci-dessus, où vous cherchez à identifier les déterminants de l'absentéisme, vous pourriez commencer par construire un nouvel indicateur d'absentéisme à partir des différentes variables d'absentéisme dont vous disposez.
Vous vous situez alors dans un cas d'apprentissage non supervisé, et vous mobiliserez sans doute une analyse factorielle pour construire cet indicateur.
Une fois que vous aurez cet indicateur, il constituera la donnée en sortie de votre modèle de régression : vous serez dans cette seconde étape dans un cas d'apprentissage supervisé.

L'apprentissage semi-supervisé

Enfin, il existe des cas d'apprentissage semi-supervisé, qui combinent des techniques d'apprentissage supervisé et non supervisé.
Par exemple, l'apprentissage supervisé peut servir à construire un modèle permettant de labelliser des données non labellisées. Imaginons ainsi que vous disposiez d'un jeu de données sur des arbres. Pour la moitié de ces arbres, vous disposez de leur taille, alors que pour l'autre moitié, vous disposez de l'ensemble des informations sauf la hauteur. Vous souhaitez pouvoir catégoriser ces arbres en différents groupes.
Vous pouvez ainsi construire un modèle expliquant la taille par d'autres caractéristiques sur la première moitié des arbres (apprentissage supervisé), et appliquer ce modèle à la seconde moitié de l'échantillon, pour ensuite effectuer une analyse typologique (apprentissage non supervisé) sur les deux échantillons mis en commun.
Cette démarche présente cependant des risques d'erreurs plus élevés.

Exemple

Apprentissages supervisé et non supervisé

Votre entreprise vous demande d'étudier l'adoption d'un produit (achat, utilisation, recommandation, etc.) par les clients.

Dans un premier cas, vous disposez d'une base de données vous indiquant :

- Les caractéristiques des individus :
  - genre;
  - âge;
  - revenu;
  - catégorie professionnelle;
  - statut marital.
- Leur perception du produit concerné :
  - coût;
  - facilité d'utilisation;
  - utilité;
  - qualités esthétiques.

Vous devez identifier des groupes d'individus homogènes en matière d'adoption du produit. Vous êtes donc dans un cas d'apprentissage non supervisé, car vos différentes variables ont le même statut. Vous pouvez mobiliser une méthode de typologie après une analyse factorielle, par exemple.

Dans le second cas, vous disposez d'une base de données vous indiquant les caractéristiques des individus :

- genre;
- âge;
- revenu;
- catégorie professionnelle,;
- statut marital.

ainsi qu'une variable indiquant leur classe d'adoption du produit : les individus sont rangés en 4 classes :

- les « accros au produit »;
- les « utilisateurs occasionnels »;
- les « curieux »;
- les « indifférents ».

Vous devez alors identifier quelles sont les caractéristiques individuelles conditionnant l'appartenance à chaque classe.

Vous êtes donc dans un cas d'apprentissage supervisé, car vous avez des données en entrée (caractéristiques des individus) et des données en sortie (classe d'appartenance). Vous pouvez mobiliser une méthode de régression logistique pour expliquer l'appartenance à chaque classe (variable binaire : « oui » si l'individu appartient à la classe, « non » sinon).

Outil 54 L'approche prédictive

> L'approche prédictive se fonde généralement sur les mêmes méthodes que l'approche analytique ou explicative, mais vise des objectifs différents.

En quelques mots

Les discours autour des promesses du big data mettent régulièrement en avant la notion d'**approche prédictive** : les données du passé sont utilisées pour prédire le futur.

En réalité, l'approche prédictive se fonde essentiellement sur les mêmes méthodes que l'approche analytique ou explicative présentée dans ce manuel : le **suivi de tendances**, les **régressions**, les **séries temporelles** constituent ainsi des exemples d'approches prédictives que vous pouvez mobiliser avec les compétences acquises grâce à ce manuel.

DIFFÉRENTES MÉTHODES DE PRÉDICTION

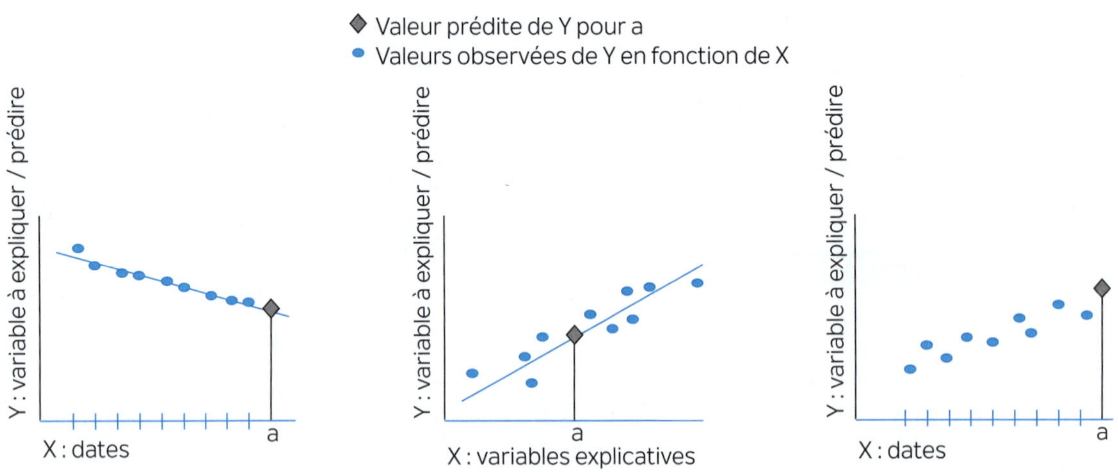

Suivi de tendances — Régression — Série temporelle

POURQUOI L'UTILISER ?

Objectif

Identifier les différentes méthodes de prédiction, qui se fondent sur le suivi de tendances et la régression.

Contexte

Il existe trois méthodes principales pour prédire une valeur qu'on ne connaît pas.

La première consiste à prolonger une tendance observée sur les données passées. Si vous avez construit un indicateur et que vous constatez qu'il ne cesse de diminuer au fil du temps, vous pouvez donc supposer (avec cependant une marge d'erreur liée aux effets de contexte) qu'il va continuer à baisser en prochaine période.

La deuxième méthode consiste à construire un modèle de régression sur vos données actuelles, et à en déduire une valeur que vous ne pouvez pas observer. Une compagnie d'assurance va modéliser la probabilité de sinistre des clients en fonction de variables individuelles (genre, âge, état de santé, etc.). La probabilité de sinistre d'un nouveau client n'est pas observable, mais les variables individuelles le sont et peuvent être recueillies au moyen d'un formulaire. Il suffit d'appliquer les coefficients du modèle à ces variables individuelles pour prédire la probabilité de sinistre d'un nouveau client.

La troisième méthode, les séries temporelles, se fonde sur des régressions pour modéliser la variation d'une variable au fil du temps, en tenant compte d'effets saisonniers notamment.

COMMENT L'UTILISER ?

Étapes

1. **Identifier la variable à prédire** et les données dont vous disposez (par exemple, vous souhaitez prédire le chiffre d'affaires de votre entreprise pour le mois prochain).
2. **Définir la méthode la plus adaptée**.

Cela dépend des données dont vous disposez.

Si vous n'avez que l'historique du chiffre d'affaires, alors le suivi de tendances s'impose.

Si vous avez l'historique du chiffre d'affaires et des variables pour les mois correspondants et pour le mois à venir (nombre de jours de fermeture, présence de fêtes commerciales, etc.), vous pouvez privilégier les techniques de régression ou de série temporelle.

Méthodologie et conseils

Si l'approche prédictive se fonde sur les mêmes méthodes que l'approche explicative, l'objectif diffère cependant.

Prédire la probabilité d'absentéisme d'un salarié donné peut mobiliser la même méthode de régression qu'identifier les déterminants de l'absentéisme dans un but de meilleure compréhension de ce phénomène et d'identification d'actions à mener pour diminuer l'absentéisme global. Cependant, les implications éthiques ne sont pas les mêmes.

Prédire l'absentéisme d'un salarié en particulier suppose de ne pas anonymiser les données, alors que l'analyse des déterminants de l'absentéisme peut tout à fait être effectuée sur des données anonymisées.

Les enjeux de protection des données personnelles diffèrent donc également.

Avant de vous lancer...

✓ **L'approche prédictive repose sur des méthodes similaires à celles mobilisées par l'approche analytique ou explicative.**

✓ **En revanche, les implications éthiques, déontologiques et juridiques diffèrent.**

Outil 55

L'automatisation

> “ L'automatisation nécessite un volume conséquent de données.

En quelques mots

La notion d'**automatisation**, c'est-à-dire le fait de faire réaliser une tâche par une machine au lieu d'un être humain, prend de plus en plus d'importance dans les organisations aujourd'hui. L'automatisation entretient des liens importants avec l'analyse de données et le big data, car il faut un **volume important de données** pour apprendre à une machine à réaliser une tâche. Elle renvoie par ailleurs à la notion d'intelligence artificielle quand la tâche automatisée semble spécifique à l'intelligence humaine (traitement du langage naturel, production d'œuvres artistiques, conduite de voitures, par exemple).
Si les tâches **relationnelles** sont aujourd'hui encore partiellement difficiles à automatiser, les tâches liées au **traitement de l'information** sont quant à elles devenues facilement automatisables.

NATURE DE LA TÂCHE ET FACILITÉ D'AUTOMATISATION

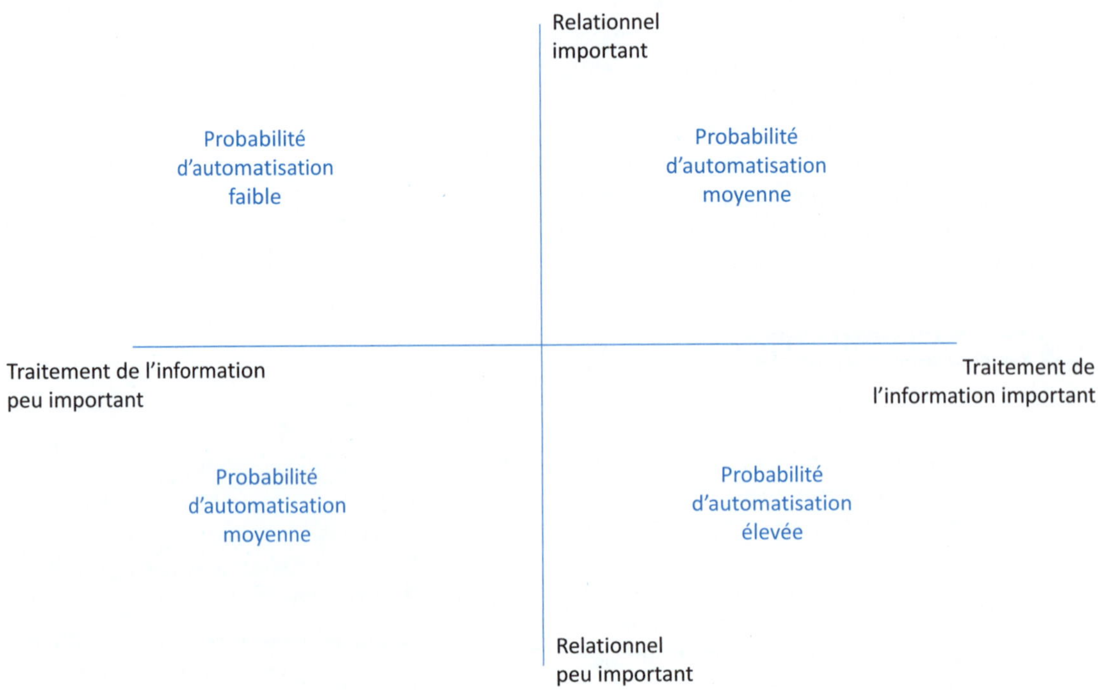

POURQUOI L'UTILISER ?

Objectif

Estimer les probabilités d'automatisation d'une tâche en fonction de deux dimensions :

- les aspects relationnels ;
- le traitement de l'information.

Contexte

L'essor considérable du volume et de la variété des données produites par la digitalisation (phénomène appelé big data) démultiplie les possibilités d'automatisation de tâches.

En effet, faire effectuer une tâche par une machine suppose de disposer de gros volumes de données d'entraînement permettant d'apprendre plus facilement la tâche à la machine.

Il existe plusieurs manières d'enseigner une tâche à une machine : soit l'ensemble des cas et comment elle doit réagir à chaque cas lui sont enseignés (au moyen d'algorithmes, voir page suivante), soit des jeux de données lui sont fournis pour qu'elle apprenne à identifier différents cas et les comportements associés.

La complexité et la variété des comportements humains rendent plus difficile l'automatisation des tâches impliquant un fort relationnel, car la variété des cas à enseigner à la machine est plus importante, et potentiellement infinie.

À l'inverse, ce qui a trait au traitement de l'information est plus facilement automatisable car traiter de l'information constitue le principe de base d'un ordinateur.

L'automatisation a de nombreuses implications socio-économiques et éthiques.

En effet, si elle peut permettre de réduire le coût de certains services, elle risque aussi de conduire à de nombreuses suppressions d'emploi.

COMMENT L'UTILISER ?

Étapes

1. Pour savoir si une tâche est facilement automatisable, **identifier le degré de relationnel** qu'elle implique : par exemple, le métier de coiffeur implique un degré de relationnel plus élevé que le métier d'assistant juridique.

2. Identifier ensuite le degré de traitement de l'information qu'elle implique : par exemple, le métier d'assistant juridique implique un degré de traitement de l'information plus élevé que le métier de coiffeur.

3. La positionner dans un des quatre cadrans : le métier d'assistant juridique est sans doute plus facilement automatisable que le métier de coiffeur.

Méthodologie et conseils

Certaines tâches impliquent un degré relationnel élevé, mais qui peut être facilement supprimé. Par exemple, un chauffeur de taxi peut dialoguer toute la journée avec ses clients, mais cette dimension relationnelle sera supprimée dans le cas des voitures automatiques.

Suite outil 55 →

Avant de vous lancer...

- ✓ **L'automatisation de tâches nécessite généralement de gros volumes de données, sauf si des instructions précises peuvent être fournies à la machine par l'être humain au moyen d'algorithmes.**
- ✓ **Les tâches relationnelles sont plus difficiles à automatiser que les tâches fondées sur le traitement de l'information.**

L'automatisation

COMMENT ÊTRE PLUS EFFICACE ?

L'automatisation de la production d'indicateurs avec Excel

Le logiciel Excel propose quelques fonctionnalités permettant d'automatiser les traitements simples de données et notamment la production d'indicateurs. La démarche la plus simple consiste à utiliser l'enregistreur de macro (accessible depuis l'onglet « Développeur » à ajouter au ruban dans les options). Ainsi, après avoir lancé l'enregistrement, vous pouvez calculer un nouvel indicateur en divisant la valeur d'une cellule par la valeur d'une autre (pour avoir un taux, par exemple), ou demander que certaines cellules soient colorées en fonction de leur valeur.

L'enregistreur de macro traduit toutes ces séquences en langage VBA : autrement dit, il les transforme en un algorithme lisible par l'ordinateur. Par la suite, vous pouvez exécuter la macro ainsi obtenue sur un autre jeu de données, sans avoir besoin d'effectuer à nouveau toutes les étapes manuellement.

Les enjeux éthiques et déontologiques

L'automatisation de tâches va de pair avec la disparition de certains emplois. Ainsi, la mécanisation de l'agriculture a fait considérablement baisser le nombre de travailleurs agricoles au cours du xxe siècle.

Dès lors, l'automatisation a de nombreuses implications socio-économiques et éthiques. Il est donc nécessaire de réfléchir au maintien et au développement de l'employabilité des travailleurs, de manière à leur permettre de conserver leur emploi ou d'en trouver rapidement un autre en cas d'automatisation.

Par ailleurs, la démultiplication des possibilités d'automatisation va sans doute de pair avec la croissance du nombre de robots (au sens large du terme : machines physiques, mais aussi programmes informatiques) dans les organisations. Dès lors, il paraît important de réfléchir à la collaboration entre humains et machines.

Les enjeux juridico-légaux

Le règlement général de protection des données (RGPD), entré en vigueur dans l'Union européenne en 2018, statue en partie sur cette question d'automatisation. Ainsi, l'article 22 du RGPD porte sur les cas de décision entièrement automatisée.

Revenons sur le deuxième des modèles prédictifs présentés dans l'outil 54, et appliquons-le au processus de recrutement.

Cela suppose de construire un modèle expliquant la performance de vos salariés par leurs caractéristiques individuelles (diplôme, âge, parcours, etc.), et d'appliquer les coefficients ainsi obtenus à vos candidats, de manière à prédire leur performance au sein de votre organisation. Vous pourriez avoir la tentation d'automatiser entièrement votre processus de recrutement en vous fondant sur cette approche prédictive et en recrutant les profils pour lesquels le modèle prédit la performance la plus élevée.

Or, l'article 22 du RGPD établit que les individus ont le droit de s'opposer au fait de faire l'objet d'une décision entièrement automatisée.

Pour aller plus loin

L'automatisation des emplois

Carl Frey et Michael Osborne, de l'Université d'Oxford, ont publié une étude sur les risques d'automatisation des emplois, en fonction de 9 compétences clés nécessaires pour les occuper :

- **Perspicacité sociale** : le métier requiert-il d'avoir conscience des réactions des autres individus et de comprendre ces réactions?
Exemple de métier avec un degré élevé de perspicacité sociale : psychologue.
- **Négociation** : le métier requiert-il de mettre d'accord des individus entre eux, de concilier différentes positions?
Exemple de métier avec un degré élevé de négociation : syndicaliste.
- **Persuasion** : le métier requiert-il de persuader d'autres individus, de les convaincre de faire quelque chose?
Exemple de métier avec un degré élevé de persuasion : avocat.
- **Aide et soin aux autres** : le métier requiert-il de fournir une aide personnelle, un soutien émotionnel à d'autres individus?
Exemple de métier avec un degré élevé d'aide et soin aux autres : infirmier.
- **Originalité** : le métier requiert-il d'avoir des idées originales permettant de résoudre des problèmes nouveaux?
Exemple de métier avec un degré élevé d'originalité : designer.
- **Maîtrise artistique** : le métier requiert-il une connaissance de techniques et de théories pour produire ou interpréter de la musique, de la danse, des textes, etc.?
Exemple de métier avec un degré élevé de maîtrise artistique : compositeur.
- **Dextérité des doigts** : le métier requiert-il une certaine dextérité des doigts, par exemple pour attraper et manipuler des petits objets irréguliers?
Exemple de métier avec un degré élevé de dextérité des doigts : horloger.
- **Dextérité des mains** : le métier requiert-il de mouvoir rapidement les mains, d'attraper des objets qui bougent, d'effectuer des mouvements complexes avec les mains?
Exemple de métier avec un degré élevé de dextérité des mains : joueur de basket.
- **Nécessité de travailler dans des espaces restreints** : le métier requiert-il de travailler dans des petits espaces non structurés?
Par exemple, une petite pièce d'une maison (salle de bains par exemple) est un espace non structuré, qui est plus difficile à appréhender pour un robot qu'un espace plus grand et plus structuré, comme un supermarché, car cela nécessite des capacités de perception plus développées.

Si leur étude a pu être critiquée par d'autres chercheurs, elle donne cependant des informations intéressantes sur les risques d'automatisation.
Le site de la BBC en a tiré un moteur de recherche permettant d'identifier pour chaque emploi son risque d'automatisation (BBC, « Will a robot take your job? »).
Selon ce moteur, le métier de travailleur social a une très faible probabilité d'automatisation (4 %), alors que le métier de secrétaire juridique a une probabilité élevée d'automatisation (98 %).

Outil 56

Les enjeux juridiques et éthiques

> « Les enjeux juridiques et éthiques doivent être pris en compte depuis la conception jusqu'à la fin d'un projet de recueil et de traitement de données.

En quelques mots

Analyser des données suppose de respecter certaines règles et d'avoir conscience des implications de cette analyse. Si la première règle à respecter est celle de la rigueur, soulignée à de nombreuses reprises dans ce manuel, les différents usages et cas liés au big data présentés dans ce dossier (prédiction, automatisation, données non anonymisées notamment) soulèvent d'autres enjeux autour de :

- l'**éthique** et la **déontologie** : il est nécessaire de tenir compte du fait que les traitements de données peuvent avoir des implications pour les individus ;
- le **respect du cadre juridico-légal** : le règlement général de protection des données (RGPD) encadre pour une large part les traitements de données à caractère personnel.

ENJEUX JURIDIQUES ET ÉTHIQUES

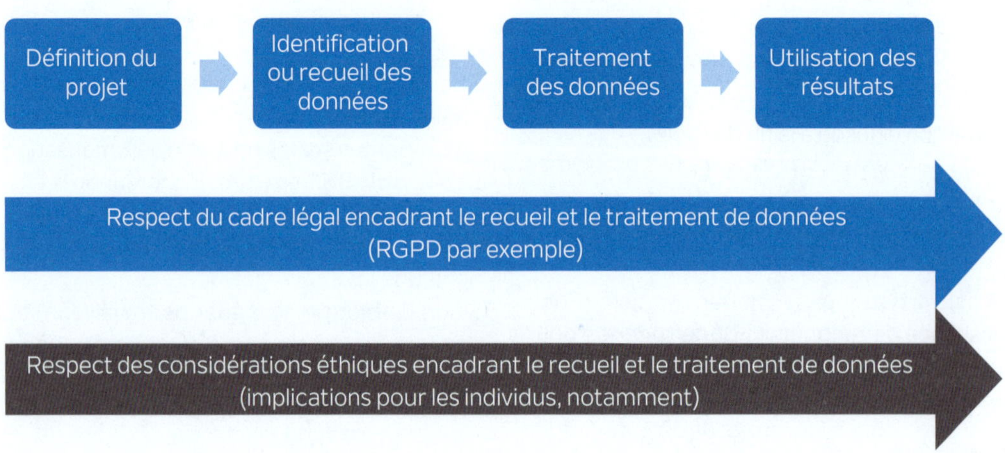

POURQUOI L'UTILISER ?

Objectif

Cet outil rappelle que les enjeux liés à la protection des données à caractère personnel, mais aussi les enjeux éthiques, doivent être pris en compte tout au long du projet, depuis sa conception jusqu'à sa mise en œuvre (utilisation des résultats obtenus).

Contexte

Les données à caractère personnel correspondent à toutes les données permettant de remonter à des personnes réelles : adresse mail, adresse IP, numéro de sécurité sociale, numéro de téléphone, etc.
Le croisement de données peut aussi être considéré à caractère personnel si l'ensemble des informations croisées permet de remonter à un individu en particulier. Certaines de ces données à caractère personnel peuvent de plus être des données sensibles : ainsi, l'état de santé d'un individu représente une donnée particulièrement sensible.
Le règlement général de protection des données (RGPD) prévoit un principe de « privacy by design », renvoyant au fait de tenir compte des enjeux et obligations liés à la protection des données à caractère personnel dès la conception du projet. Ainsi, le principe consiste non pas à planifier et conduire son projet, puis à définir en fin de projet des règles de protection, au risque que ces dernières ne soient pas suffisantes, mais bien de planifier et de conduire son projet en fonction de ces règles.
Il est conseillé d'appliquer le même principe aux enjeux éthiques, c'est-à-dire d'en tenir compte dès la conception et jusqu'à la fin du projet.

COMMENT L'UTILISER ?

Étapes

1. Tout au long du projet, depuis sa conception jusqu'à sa mise en œuvre, **vérifier que les objectifs de votre projet** respectent bien certaines règles éthiques.
Par exemple, l'objectif du projet ne doit pas correspondre, indirectement ou directement, à une volonté de discrimination.

2. Tout au long du projet, depuis sa conception jusqu'à sa mise en œuvre, **veiller au respect de la protection des données** à caractère personnel (voir les différents articles du RGPD, et voir page suivante).
Par exemple, les participants doivent être informés de la façon la plus complète possible sur les données collectées, sur les modes de traitement et sur les finalités dès le recueil des données.

Méthodologie et conseils

Votre organisation peut avoir nommé un DPO (*data protection officer*).
Il s'agit en effet d'une obligation imposée par le RGPD pour les organisations traitant des données à caractère personnel.
N'hésitez pas à vous en rapprocher pour obtenir des conseils sur tous les traitements de données que vous pourrez réaliser.
Dans le cas où votre organisation n'a pas l'obligation de nommer un DPO, vous pouvez vous rapprocher de la CNIL.
Par ailleurs, la CNIL propose un MOOC gratuit d'initiation au RGPD (« L'Atelier RGPD »).

Suite outil 56 →

Avant de vous lancer...

- ✓ **Maîtriser les règles de protection des données et notamment le RGPD est nécessaire avant d'entreprendre des traitements de données à caractère personnel.**
- ✓ **Tenir compte des implications éthiques de ces traitements est tout aussi nécessaire.**

Les enjeux juridiques et éthiques

COMMENT ÊTRE PLUS EFFICACE ?

Le RGPD et le recueil et le traitement des données

Le RGPD prévoit un grand nombre d'obligations liées au recueil et au traitement de données à caractère personnel. Entre autres, la notion de consentement « explicite » et « positif » est définie dans l'article 4. Cela signifie que les individus doivent donner leur consentement par le biais d'une action (cocher une case dans un formulaire par exemple), et qu'ils doivent être au préalable informés de l'ensemble des traitements de données qui seront effectués.

Par ailleurs, le RGPD consacre le droit à l'effacement (article 17) : un individu doit pouvoir obtenir l'effacement de ses données, ce qui suppose une gestion fine du stockage et une actualisation régulière des traitements de données. L'article 22 prévoit quant à lui la possibilité pour un individu de refuser de faire l'objet d'une prise de décision entièrement anonymisée.

Les enjeux de diversité et de non-discrimination

Les relations entre analyse et traitement de données d'un côté, et non-discrimination et diversité de l'autre, sont ambiguës.

D'un côté, l'utilisation de données peut être vue comme un rempart contre les discriminations. Elle permet par exemple de quantifier les inégalités entre différentes catégories de populations et donc de rendre visibles les discriminations et leurs effets.

L'utilisation de données peut permettre de remettre en cause un certain nombre d'idées reçues, et notamment de préjugés, sexistes par exemple, sur les individus. Enfin, l'utilisation de données peut offrir la possibilité de diminuer les biais inconscients dans la prise de décision des individus.

D'un autre côté, certains auteurs soulignent les risques de discrimination associés aux traitements de données. Ils soulignent les risques de discrimination ou de non-diversité associés à l'usage d'algorithmes pour éclairer, mais parfois aussi automatiser, les décisions de justice, de recrutement ou de coût d'un contrat d'assurance, entre autres.

En effet, ces algorithmes apprennent à partir des données du passé, qui sont elles-mêmes biaisées et tributaires de discriminations et d'inégalités existant dans notre société. L'algorithme risque alors de reproduire ces biais. Par ailleurs, les algorithmes sont conçus par des êtres humains, qui ont eux-mêmes des biais, conscients ou non, ce qui peut influer sur leur conception des algorithmes.

Quelles solutions ?

Certaines solutions visent à diminuer ces biais et la reproduction d'inégalités et de discriminations par les algorithmes.

Ainsi, certains acteurs proposent de mettre en place une plateforme d'audit des algorithmes, permettant aux citoyens ou à des experts de vérifier que ceux-ci ne vont pas à l'encontre de la diversité et de la lutte contre les discriminations.

D'autres acteurs préconisent une plus grande diversité des concepteurs d'algorithmes, qui sont actuellement en majorité de jeunes hommes blancs. Une plus grande diversité pourrait peut-être permettre une meilleure prise de conscience des biais potentiels.

Cas d'entreprise

La mise en œuvre du RGPD dans une grande entreprise

À la suite de la mise en application du RGPD en 2018, AlphaCom, grande agence française de communication employant environ 950 salariés, a dû revoir l'ensemble de ses processus de façon à répondre aux obligations légales.

La première étape a consisté à nommer un *Data Protection Officer* (DPO), responsable de la protection des données à caractère personnel et plus globalement de la bonne application du RGPD au sein de l'entreprise.

Dès sa prise de fonctions, cette personne a listé l'ensemble des données à caractère personnel dont l'entreprise dispose.

- **Données sur les clients**

AlphaCom dispose de nombreuses données sur des clients parfois très anciens : nom, adresse et numéro de téléphone du contact principal, problématiques de l'entreprise, coordonnées bancaires, etc.

Cette base de données était accessible par l'ensemble des salariés, sans aucune protection ni chiffrage.

- **Données sur les salariés**

AlphaCom dispose d'un registre du personnel sur l'ensemble des salariés, mais a aussi conservé des données sur des salariés ayant quitté l'entreprise depuis plus de dix ans : nom, adresse et numéro de téléphone, coordonnées bancaires, diplôme, statut matrimonial, nombre d'enfants, etc.

Cette base de données est accessible à l'ensemble des managers et l'ensemble des personnes travaillant dans l'équipe RH.

Ensuite, il a fallu établir un registre précis, d'une part de ces données, d'autre part des traitements qui en étaient faits.

Il a fallu aussi contacter l'ensemble des clients pour leur demander leur accord pour figurer dans cette base de données.

Les données sur les salariés ayant quitté l'entreprise ont été classées selon leur durée de conservation possible, et celles qui ne devaient plus être conservées ont été supprimées.

Il a fallu également prendre des dispositions pour sécuriser et limiter les accès aux différentes bases de données.

Ainsi, il n'était pas légitime que l'ensemble des salariés de l'entreprise aient accès à l'ensemble des informations sur les clients, ni que l'ensemble des managers et des personnes travaillant dans la fonction RH aient accès à l'ensemble des informations sur les salariés.

L'entreprise a donc mené un travail approfondi visant à identifier qui devait avoir accès à quelles données, puis a fait appel à un prestataire externe pour sécuriser ses bases de données et en limiter les accès.

Crédits iconographiques

Avant-propos : © Molnia/Shutterstock
Dossier 1 : © everything possible/Shutterstock
Outil 5 : « Excel » - Microsoft Corporation, office.com, Domaine public, Common Wikimedia, « R » - Hadley Wickham and others at RStudio, www.r-project.org/logo/, CC BY-SA 4.0, Common Wikimedia ; « SAS » - SAS Institute, www.sas.com, Domaine public, Common Wikimedia ; « SPSS » - Vectorisé par Froztbyte, SPSS Inc., an IBM Company, Domaine public, Common Wikimedia ; « Stata » - StataCorp LP, Travail personnel, CC BY-SA 4.0, Common Wikimedia
Dossier 2 : © carlos castilla/Shutterstock
Outil 12 : © WMS® ; © Statista® ; © WVS® ; © INSEE® ; © Quetelet Progedo®
Dossier 3 : © goir/Shutterstock
Dossier 4 : © joingate/Shutterstock
Dossier 5 : © a-image/Shutterstock
Dossier 6 : © tadamichi/Shutterstock
Dossier 7 : © whiteMocca/Shutterstock
Dossier 8 : © VectorMine/Shutterstock
Dossier 9 : © GarryKillian/Shutterstock
Outil 50 : © Richard Schumann/Noun Project ; © AlePio/Noun Project ; © Guilherme Furtado/Noun Project ; © Mooyai Khomsun Chaiwong/Noun Project ; © Tirumala Achary/Noun Project

Toutes les marques citées dans cet ouvrage sont des marques déposées par leurs propriétaires respectifs.

88057 - (I) - CRB 90° - PMS 3005U - BEP- MSN
Dépôt légal : juin 2025
Imprimé en Espagne par Unigraf S. L.